LEARN OR DIE

学习的科学

如何学习得更好更快

Using science to build a learning-edge learning organization

［美］爱德华·D. 赫斯（Edward D. Hess）著

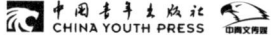

图书在版编目(CIP)数据

学习的科学：如何学习得更好更快/(美)赫斯著；吕永安，汪建军译.
—北京：中国青年出版社，2016.5
书名原文：Learn or die
ISBN 978-7-5153-4176-7

Ⅰ.学… Ⅱ.①赫… ②吕… ③汪… Ⅲ.①学习方法 Ⅳ.①G791

中国版本图书馆CIP数据核字（2016）第102882号

Learn or die: Using science to build a learning-edge learning organization
By Edward D. Hess
Copyright © 2014 Columbia University Press.
This Chinese (Simplified Characters) edition is a complete translation of the U.S. edition, specially authorized by the original publisher, Columbia University Press.
Simplified China edition copyright © 2016 China Youth Press.
All right reserved.

学习的科学：如何学习得更好更快

作　　者：	〔美〕爱德华·D.赫斯
译　　者：	吕永安　江建军
选题编辑：	胡莉萍
责任编辑：	周　红
美术编辑：	李　甦
出　　版：	中国青年出版社
发　　行：	北京中青文文化传媒有限公司
电　　话：	010-65516873/65518035
公司网址：	www.cyb.com.cn
购书网址：	zqwts.tmall.com
印　　刷：	大厂回族自治县益利印刷有限公司
版　　次：	2016年6月第1版
印　　次：	2021年6月第3次印刷
开　　本：	787×1092　　1/16
字　　数：	180千字
印　　张：	18
京权图字：	01-2015-2235
书　　号：	ISBN 978-7-5153-4176-7
定　　价：	59.90元

版权声明

未经出版人事先书面许可，对本出版物的任何部分不得以任何方式或途径复制或传播，包括但不限于复印、录制、录音、或通过任何数据库、在线信息、数字化产品或可检索的系统。

中青版图书，版权所有，盗版必究

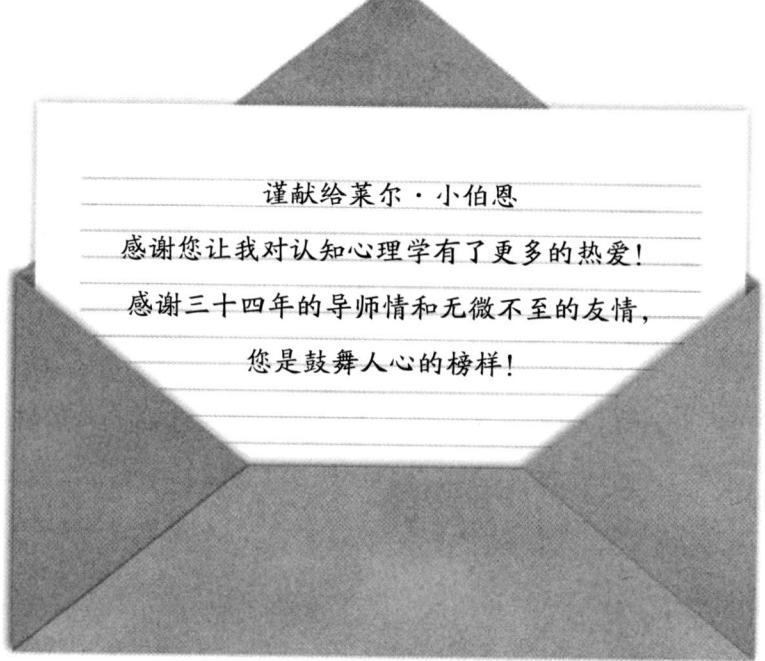

谨献给莱尔·小伯恩
感谢您让我对认知心理学有了更多的热爱!
感谢三十四年的导师情和无微不至的友情,
您是鼓舞人心的榜样!

目录 Contents

第一部分　学习的奥秘 ········· 009

第一章　写在前面的话／011
　　　　学习的科学／013
　　　　改善学习／016
　　　　学习方法／018

第二章　学习：大脑的思考机制／020
　　　　学习"机器"／022
　　　　学习需要战胜我们的"天性"／026
　　　　管理我们的思考方式：元认知／030
　　　　其他破坏学习的因素：自我与害怕／031
　　　　我的故事：学会思考／035
　　　　付诸行动／038

第三章　情绪：理性情结的迷思／039
　　　　控制情绪，理解情绪／042
　　　　积极情绪的力量／043
　　　　理解情绪，管理情绪／048
　　　　主题小结／050
　　　　付诸行动／052

第四章　学习心态：对待动机、目标追求和成就的不同方式／053
　　　　学习心态／054

　　　　培养成长心态／062

　　　　X 理论—Y 理论的管理者心态／064

　　　　主题小结／067

　　　　付诸行动／069

第五章　营造学习环境／070

　　　　良好的教育学习环境／071

　　　　学习与员工敬业度／074

　　　　员工高敬业度和高绩效／076

　　　　实践案列：IDEO 设计公司和戈尔公司／084

　　　　主题小结／089

　　　　付诸行动／090

第六章　学习型谈话／092

　　　　系统 2 型谈话／093

　　　　沟通失败／095

　　　　提问，而不要告知／099

　　　　高质量的工作关系：鼓励透明化和高敬业度／101

　　　　有意义的信任关系：专注投入到谈话中／106

　　　　主题小结／108

　　　　付诸行动／109

第七章　批判性思维工具／110

　　　　三种工具帮助人们在紧急情况下做决策／111

　　　　揭秘假设工具用于检验信念和决策／119

　　　　美国陆军的"事后回顾"机制／125

　　　　主题小结／127

　　　　付诸行动／129

第八章　适应性决策模式——对加里·克莱因博士的访谈／130

　　　　付诸行动／155

第二部分　成功构建学习系统和学习流程 ……………… 157

第九章　打造学习"机器"——桥水基金公司成功案例／166

　　　第一次见面／170

　　　雷的故事／172

　　　《准则》：思考、行动、追求的方法和目标信念　／179

　　　信念：公司的文化和经商方式／181

　　　将文化和员工合成为一台"学习机器"／184

　　　企业文化：准则、信念和价值观的体现／190

　　　有意义的关系：拥有快乐的员工／192

　　　团队：残酷的坦白、定期谈话与直面错误的透明度／192

　　　对犯错的管理准则／197

　　　员工招聘及深入管理／203

　　　员工转型的过程／220

　　　反思反馈谈话：我们是否同步？／224

　　　艰难谈话的目的／228

　　　有意义的工作：把合适的人放在适合的岗位上／229

　　　主题小结／231

　　　付诸行动／233

第十章　创新快速而低成本的学习流程——财捷集团成功案例／234

　　　"愉悦式设计思考"／237

　　　"精益实验循环"／239

　　　学习始于顶层："360度评估法"　／248

　　　主题小结／251

　　　付诸行动／253

第十一章　从错误中学习——联合包裹服务公司（UPS）成功案例／254

　　　四个基本标准／256

"建设性地不满"／256
"相互负责制"／264
主题小结／269
付诸行动／273

后　记 ·································· 275
致　谢 ·································· 285

第一部分

学习的奥秘

> 你天生就是一个爱追根究底的人,你在自身工作中和公司其他地方看到许多应该改善的地方。你没有耐心等着别人改正这些缺陷。和大谈特谈什么是好的相比,你对改善不好的方面更感兴趣。总之,你是"建设性地不满"。
>
> ——吉姆·凯西
> 联合包裹服务公司创始人

第一章

写在前面的话

"学习的科学：如何学习得更好更快"，这仅仅是一个响亮的书名，还是一个商业真理？通过调查研究、教学实践以及对私营企业和上市公司的咨询，我了解到，相比于以往任何时候，现在的组织和个人都必须不断学习、适应和提高，否则就会面临专业荒废[①]的危险。为什么？为什么是现在？

> 卓越的运营和创新都依赖于学习。

首先，很多组织依靠的都是卓越的运营——逐步向更好、更快

[①] 专业荒废：一种专业在某人实践领域之内就目前而言是可运用的，但在从事此后的业务时，知识、理论和技术就力不从心。这不是由年龄原因而引起的能力退化，而是由于不能再学习和运用新知识和新技术造成的。

和更低成本方向发展——这也是他们商业模式的关键之处；还有很多组织也依靠创新驱动增长。前者需要持之以恒的不断完善，后者需要探索和实验。那么，这两种方式背后共同的根本方法是什么？是学习。

其次，组织本身不能学习，真正学习的是组织内部的员工。快节奏、充满活力的全球环境下存在着高度的不确定性、模糊性和变数。从工作的角度来看，个人必须不断学习以站稳脚跟和保持自身竞争力。这种环境要求个人去探索、创新、实验和适应，而这些都要求学习。

> 充满不确定性、模糊性和变数的环境，要求探索、创新、试验和适应，而这些都要求不断学习。

最后，全球化和技术进步不断加速变革的步伐，扩大变革波及的范围。如今，新兴的竞争者会在世界任何地方崛起，并且通过技术的辅助，他们可以在千里之外的地方接触到你的客户。如今的科技，特别是软件即服务（SaaS），降低了商业启动与经营需要的资本，从而减少了入市的另一个历史性壁垒。技术让消费者能够从任何地方或任何人那里买东西——只需点几下鼠标就行。这些发展需要更快的适应能力，而适应能力则需要有组织的学习流程，例如批判性思考、批判性谈话以及实验等。

> 在更加动荡的环境中,组织需要有组织的学习流程以更快适应环境。

越来越快的变革步伐也带来了不稳定性,导致最有竞争力的优势减少、产品和上市公司的生命周期缩短,上市公司首席执行官的任期也跟着缩短。因此,战略决策必然会变得更灵活更分散。为了掌控风险,数据驱动的战略决策也成了必要。

数据的数量之大、可及性之广和生成速度之快要求组织持续学习才能站稳脚跟。数据越多,知识产生得越快,仅一个人知道答案的情况就越不可能出现。组织需要超越政治和自我的合作与建设性讨论的流程,更认真地思考,更有效地沟通,更好地决策以及对未知事物保持好奇心,这些都十分重要。

> 组织需要通过更多人更好更快地学习应对变革。

学习的科学

本书讲的是如何学习。怎样才能学到最好?哪种组织环境对学习有益,哪种对学习不利?学习流程中需要的是什么?为了学得更好更快,个人应该具备哪些能力?《学习的科学:如何学习得更好更快》为个人、团队领导、管理者以及任何组织的领导者所写,可以从两个不同的角度加以阅读。其一,个人角度,即"我怎样才能成为一名更优秀的学习者？"；其二，组织角度，即"我怎样才能让他人以及公司内部人员学得更好？"

"商业学习型组织"的概念并非新生之物，至少已有五十年的历史。1990年，彼得·圣吉出版了具有里程碑意义的著作《第五项修炼》，"商业学习型组织"这一概念风靡一时。之后，很多以"商业学习型组织"为主题的书籍相继出版。那么，为什么你需要读本书呢？

原因在于，在过去的二十五年里，有关学习科学的研究已经有了相当大的进展，神经科学、心理学和教育学领域尤为显著。而从应用的角度看，围绕高可靠性组织①和高倍速高变化环境开展研究的领域亦是如此。这些有关人如何学习、情绪在学习过程中的作用以及妨碍或促进学习的环境因素等的研究进展，需要被以便于理解和应用的方式全面深入地介绍到商界中，这就是本书的写作目的。《学习的科学：如何学习得更好更快》旨在对以上科学研究加以综述并回答以下两个问题：

1. 如何学得更好更快？

2. 如何建立比竞争对手适应性更强且学得更好更快的组织？

本书不是学术论著，不尝试对所有涉及学习的研究做全方位综述或总结，只介绍与上述两个问题相关的重要概念。考虑到这一点，在选择所用材料时，我对其相关性与重要性有自己的判断。这些判

---

① 高可靠性组织：指那些由于无法承受失误所带来的巨大人员和财产损失而对安全性、可靠性提出较高标准和要求的特殊组织，例如高压电网控制中心、空客控制中心、医院急救中心、人质解救小组等等。

断基于我多年来对450篇学术论文和60本跨学科书籍的研究,也受我自身在认知教育心理学领域的教育经历以及30多年商界经验的影响。同时,过去12年教学、研究、写作以及向企业高管与其他管理者提供咨询,以帮助他们提高组织学习能力和实现组织内变革的经历,也进一步为此提供了依据。最后,本书内容荣幸地得到了两位杰出认知心理学家的审阅:一位是杰出的学术研究人员兼作家,另一位是优秀的应用型研究人员兼作家。总的来说,我的目标就是跨越学术藩篱,向读者介绍最具相关性的研究发现,重点介绍你在日常经营和战略计划中可以实施和践行的学习方法和学习过程。

既然《学习的科学:如何学习得更好更快》是关于学习的书,那让我们先从第一个问题开始。猜一下这些话是哪位首席执行官说的:"我们如今所处的环境竞争更加激烈。这意味着,我们必须比未来的对手学得更好、更快。换句话说,我们必须在竞争激烈的学习环境中占上风。"

在你猜测之前,这里有一些数据值得思考。

- 1980年,一家公司持续位列标准普尔500指数[①]榜的平均时间是三十多年。如今,这一数字大约仅为18年,并且预计仍会下降。
- 过去十年中,标准普尔500指数榜上的公司中几乎有一半被替换掉了。
- 如今,公司股票的平均持有期少于12个月。

---

① 标准普尔500指数:美国第二大股票指数,观察范围覆盖美国的500家上市公司,其组成股票由一个委员会择选并更换,评选非常严格,股市代表性极强,甚至足以显示美国经济的兴衰。

● 如今，财富500强公司首席执行官的平均任期仅为4年零6个月。

透过这些数据分析，以及现在资本市场"短期盈利主义"的盛行，你在工作的时候，就可以很好地把握时局走势了。

那么，上面几句话是谁说的？你可能认为是一家技术公司或投资公司的首席执行官说的，其实这段话出自参谋长联席会议①主席马丁·登普西（Martin E. Dempsey）上将之口，他当时是美国陆军训练与条令司令部的司令。该司令部至少10年来一直在资助应用研究以实现"适应型领导"概念——可以不断学习的领导的可操作化。这个例子表明，学习型组织可以在各行各业出现。我认为，任何组织，不论规模大小，营利的或非营利的，上市的或私营的，无论哪个行业，成为学习型组织就会受益。我以为，本书列为研究对象的组织的首席执行官都可能说过那些话。

改善学习

我写这本书的目的是给你提供一个蓝图，借助这个蓝图，你可以改善自己的学习，改善组织的学习，建立一个学习型组织，或者将已有的组织转变成一个学习型组织。通过对有关学习、管理以及教育方面的研究加以综述，结合自身经历以及基于该领域已有的科

---

① 参谋长联席会议：由美国陆海空各军种指挥官组成的机构，主要职能是三军之间的协调和进行合作参谋。参谋长联席会议主席是参谋长联席会议的首长，也是美国法定最高级别的军职，是美国总统、国防部长、国家安全委员会和国土安全委员会的首席军事顾问。

学研究，我找到了一个建立高效学习型组织（HPLO）的公式。一个高效学习型组织需要有合适的员工，在一个良好的学习环境中，用正确的学习流程，不断更好更快地学习，从而超越竞争对手。

> 高效学习型组织=合适的员工+良好的环境+正确的流程

本书第一部分集中讲述学习的奥秘，帮助我们回答三个问题：哪些人是合适的人？良好的学习环境有什么关键要素？能加速学习的关键思考和谈话流程是什么？我们将从认知、情绪、动机、态度以及行为因素这些方面来审视学习，重点分析我们不学习的自然倾向，并找出缓解它们的方法。我们还会仔细研究那些良好的学习行为并讨论可以引发这些行为的组织系统。这需要我们关注组织领导者和管理者的动机、态度以及行为，研究诸如世界顶级设计公司IDEO（后文称IDEO设计公司）、戈尔公司、Room & Board家居公司、美国陆军等学习型组织的做法。本部分最后一章是我对加里·克莱因（Gary Klein）博士的访谈。加里·克莱因博士是位科学家，有四十多年的心理学经验。他的研究以及关于决策和学习方面的思考，给本书第一部分中提到的许多课题带来了启示。

本书第二部分对三个典型企业实践学习的成功科学案例，进行了深入的分析研究。组织各不相同，但给我们的启示同样具有实用和借鉴意义。三家典型企业代表，一个是桥水联合基金公司，它是全球最大的对冲基金公司，我们将深入讲述促使桥水基金公司取得骄人业绩的独一无二的学习"机器"。此外还介绍了美国陆军依赖学习而建成的科学组织。第二个是美国著名财务软件公司财捷集团。财捷集团一直是高绩效的公司，却决定通过变革企业文化和领导模式，借助"精益实验循环"转型流程制度化，成为先进学习系统的卓越企业。重点介绍了转型是如何要求公司大多数高管通过学习改变自身行为的。第三个则说的是有一百多年历史的快递巨头联合包裹服务公司（UPS）。在一百多年里，该公司以员工为中心的学习系统，从错误中学习，一直驱动着公司不断做出适应性的变化并持续进步。

本书阐述了通过学习以及构建学习型组织策略，打破反思性思维方式、僵化的心智模式以及较强的自我防卫系统，保持开放心态，采用批判性思维工具，强化创造力和专注力，成为真正优秀学习者的科学学习法。为个人、组织领导者提供关于学习、思考和决策的革命性指南。

学习方法

我希望你们很多人都相信自己是善于学习的人。关于这一点，本书会提出一些问题。在读到我们自己的反思性思维方式、僵化的心智模式以及较强的自我防卫系统时，请你们保持开放的心态。我预计，书中所讲的学习的奥秘会挑战你们关于如何学习和如何在组织中促进学习的很多观念。每章的结尾都附有主题小结、付诸行动。

有关学习的书应该是紧跟实践的,而产生新想法时就抽时间反思并记录下来的做法已证明对学习有促进作用。

在整本书的阅读中,你会遇到几个相契合的主题。其中两个分别是:(1)个人学习与组织学习是一个变革的过程,这个过程必须从情绪上推动,并且必须要得到批判性思考与合作过程这样制度化的推动;(2)学习的质量与能学多少很大程度上受领导者和管理者(包括老师、班级)的态度、观念以及行为的影响。我希望本书内容能引起你的关注并帮你学得更多,变得更优秀。

保持好奇心吧,朋友!

第 二 章

学习：大脑的思考机制

　　学习也是对刺激和刺激所产生作用之间关系的评估。如果我吃了这个浆果，它会给我提供营养还是会让我中毒？更宽泛地说，学习就是系统地将原因与结果很好地匹配起来。随着我们经历的增多，对刺激或刺激类别有了更多的了解，我们就明白了其中的概率——"如果这样，那么很可能会那样"。换句话说，我会明白，如果我吃了一个浆果，可能还是会很饿；但如果我吃了几捧浆果，我很有可能感觉饱了。我们所评估的刺激及其效果之间的关系，会随着时间的推移和情境的不同而发生微妙的变化。

　　随着我们经历的刺激增多，对其作用有越来越多的认识，我们就会用故事把它们串起来，这样我们就不必单独记忆它们。例如，在生存方面，古人可能会想出这样的故事：天空变黑，通常会下雨；

下雨，往往伴随着闪电；有闪电，常常就会有火灾和毁灭。而在如今的商业背景下，为了生存，我们会把以下故事串在一起：冷风来袭，往往会降雨；降雨，生意就会冷清，因为人们不愿雨天出行。

当我们从这些故事和归类中获得自信，它们便成为我们理解世界的一种反射性的、更加自动化的简略表达方式。也就是说，它成为我们的内部操作系统，就像我们电脑中隐藏的软件操作系统一样。这两种系统都是由隐性的（无意识的）网络连接组成的网状系统。我们大脑的网络连接以神经元为媒介，以突触电流传递信息的方式运行。然而，与电脑软件操作系统不同的是，人类的操作系统在有情绪和无意识的环境中运行。

我们的操作系统自动无意识地运行，塑造我们的知觉、注意力、认知处理、学习、情绪以及行为。问题在于，我们的操作系统并不总是正确的。通过生活经历的开发与塑造，我们的操作系统比电脑操作系统更难以改写。不像电脑软件代码，我们的操作系统受到已有的世界观和信念的保护，同时也受到我们自我防卫系统的保护。前者我们称为"心智模式"，后者就是我们为避免焦虑与害怕而否认或扭曲事实的方式。

由于我们人类的操作系统成功地让我们在这个世界中应对自如，包括应对我们的工作，因而，我们需要做出特别的努力去改进它们，这正是学习所需要的东西。如何学习以及什么样的环境对学习有益或不利，这些都必须植入学习型组织的设计与经营之中。

学习"机器"

如何高效学习,这个问题人类几千年来一直在问。历史上,学生是跟随知名的老师进行心理探究①的,其中几种促进学习的经典方法至今仍在沿用。例如,案例研究法,即详细研究原型实例,是自古代从中国人与希伯来人那里流传下来的,现在很多商学院都使用这种方法。还有希腊人流传下来的苏格拉底式对话法,老师问学生问题,无止境地探索以寻得真理。这种方法的关键在于,通过不断提问直至矛盾出现,找到学生所提观点的基础,从而证明最初假设的错误所在。虽然苏格拉底对话法让很多法学院学生烦恼不已,但它仍是法律教学的核心部分。正如经典书《成年的学习者》(*The Adult Learner*)所说:罗马人"更加针锋相对;他们盘问组员,让他们表明立场然后为其辩护"。如今,许多专业咨询公司的导师都用这种教学方法培养出更多年轻的专业人士。

通过批判性探讨、批判性辩论、提出观点接受考验,以及环境反馈进行学习的基本原理,已经经受住了时间的考验。对于有的企业来说,面对企业如何学习的难题,他们的回答是利用培训和发展项目,而不是请一位智慧的导师。而很多这样的项目旨在发展一系列需要的技能。这些项目质量参差不齐,最有效的都是依托于学习的科学性。幸运的是,与以往相比,我们现在对有关学习的心理学

---

① 心理探究:只针对自己或他人心理现象的探究活动,如对自己行为的反思,对他人性格的分析等。

和神经科学有了更多的了解，并可以把它们应用在建立学习型组织的实践中。

我们人类的学习机制或学习"机器"涉及我们的感官系统、神经系统和运动系统，大脑与心智，以及通过电流连接身体每个部分的复杂网络。我们的学习"机器"已经进化得很高级，但并不是直接就可以促进我们学习新理念、培养创新或不断改善的自觉能力。

操作人类的学习"机器"需要消耗的能量，与其在人类身体中的比重并不相称。虽然大脑的重量仅为体重的2.5%，但是它消耗的能量却占身体能量的20%。因此，人类的学习"机器"选择低速运行——进入自动运行状态——尽可能多地节省能量。诺贝尔奖获得者、畅销书《思考，快与慢》作者、行为经济学家丹尼尔·卡内曼（Daniel Kahneman）曾说："懒惰是我们本性中根深蒂固的东西。"接着，他又解释了两种思维方式的不同："系统1"速度快，是自动的，不怎么或完全不费脑力，处于自主控制状态；而"系统2"速度慢，费脑力，与刻意注意力和专注相关联。"系统1"和"系统2"对于区分反射性的、本能的、自动运行的思维方式和更刻意的、有目的性的思维方式来说，非常有用。跟大多数二分法一样，虽然这可能不是真的二分法，但它是一个连续体。

另外，还有其他一些术语基本上也描述了和系统1与系统2思考相同的概念，例如爱德华·德·博诺（Edward De Bono）提出的"垂直"与"水平"思考，克里斯·阿吉里斯（Chris Argyris）的"单环"与"双环"思考，谢恩·弗雷德里克（Shane Frederick）的"直觉"与"反省"思考。另一种解释方式是,"系统1"指我们的直觉系统,通常是内隐的,随情绪而动;而"系统2"是有意识的、外显的且富有逻辑的推理。

"系统1"这种自动运行的思考,依赖于我们已有的世界观(即我们的心智模式)和我们对刺激以及处理简化操作的习得性情绪反应(称作"启发法")。通过反馈,我们知道在不同的情境下做什么和不做什么。例如,孩童时期,我们知道不能在公共场合大喊大叫,随着年龄的增长,我们对此有了更微妙的理解——可以在足球比赛现场大声欢呼,但不能在交响音乐会中说话。这些心智模式、故事或观念都是基于可能正确或不正确的经历、假设或推断。"系统1"包括我们"不假思索"的快速反应、印象、感觉以及冲动。我们自然而然会寻求确认和肯定。这种自动性让学习变得非常困难。

由于我们的大脑运转得很快,寻求和处理确认的信息时非常高效,因此,我们在学习中更容易有验证性偏见的倾向。而且,我们有很强烈的自我保护系统,它会维护我们已有的观念。即使保护不了,也还有一条退路:当我们碰巧真的要处理与自己心智模式相"冲突"的信息,我们可能会对那些信息进行合理解释,从而让它们与我们已知的相一致,这种现象称作"认知失调"。这就是我们的"天性"。

将认知处理和情绪处理提升到更高水平这个过程称为"系统2"思考。在我们权衡不同的选择而准备做艰难的决定时,或者出现问题我们正试图找出原因时,"系统2"会发挥作用。当我们对一个问题做根源分析或评估不同的战略方案时,"系统2"思考将发挥作用。在商业领域中,当我们试图真正了解顾客需求或评估竞争对手时,"系统2"思考会派上用场。

作为成年人,为了学习,很多情况下,面对那些与我们已知信息不一致的东西,如出现反常、矛盾、惊人的结果以及遭遇失败等,我们必须感知它们,参与进去,进行处理并从中获取意义,这时我们就需要"系统2"思考。其中的困难之处在于,要理解并处理这些差异很难,因为我们不得不克服自己的反射性"系统1"。将思考方式转换到"系统2"需要转变,需要高度关注那些对我们可能有意义或无意义的不同结果、矛盾以及差错。

"系统1"思考很显然有许多好处。例如,在我们已经做了上百次的简单重复性任务时,或者我们无法解释但直觉告诉我们这个人在说谎时,这其中的"系统1"思考发挥了很大作用。但是,我们应该如何管理自己的思考,才能在必要的时候避免排除未确认的数据信息或与我们自身观念相违背的数据信息呢?我们对"系统1"思考的偏好十分强烈,它主宰大多数人的几乎所有时间,克服它需要艰辛的努力。一般而言,这需要团队共同努力,其原因正如卡尼曼所解释的:"发现别人(思考中)的错误比发现自己的更容易。"为克服使用快速、确认型"系统1"思考的偏好,个人需要看清判断、结论、观点和信念背后的假设与信念,并用证据或数据检验它们。

克服这一偏好需要借用流程、工具和检查单(其中的部分会在第六章和第七章探讨)作辅助。此外,还需要他人的帮助,这些人应该有正确的动机，并且所处的环境要适宜：批判性辩论、允许自由发言、允许承认错误以及允许展示脆弱等都是行为规范，而个人不会因此陷入不利地位。人本主义心理学活动的主要奠基人之一亚伯拉罕·马斯洛（Abraham Maslow）曾说，一个人学习的程度要达到"不害怕被击垮且感到足够安全而敢为的地步"。本书第四章和第五章将更深入地谈害怕这个问题，因为在商业环境中，害怕是妨碍学习的一大因素。

克服个人"系统1"思考的缺点和缺陷是学习型组织的目标之一。这需要合适的人在适宜的环境中使用正确的批判性思考流程，以及正确的批判性交流流程。

学习需要战胜我们的"天性"

学习涉及一系列不同的操作，包括对刺激的感知、注意力、编码、模式匹配或识别、短期与长期记忆、回忆、训练、反馈、实践，以及管理情绪和管理自我。我们通过实践、实践、再实践培养高效高能的学习技巧。粗心是学不好的，提升学习技能需要通过有目的性的实践，再加上改善具体不足的实时反馈。我们必须学习"如何"学习。

很多人认为，我们在记忆中编码的东西就是对事件的记录。然而，这种感知并非完美。由于我们的感知会出错，并且我们有偏见、有情绪，再加上受他人的影响，我们会扭曲这些事件的记忆。同样，我们的记忆回想起来也不完美。回忆信息并不是像从书架上取下一本书那样，相反，回忆是一个重构的过程。我们对某一事件的回忆不是在脑海中重放电影，而是把我们记忆中的星星点点拼凑成我们"认为"的可能的故事，从而再造记忆。这个重构的过程需要我们填补一些空白，而我们会根据以往类似背景中的经历来"猜测"发生了什么。

和小孩学习新事物过程中产生的惊奇感不一样的是，成年人有多年积累下来的经验、偏见和情绪过滤机制，所以他们的学习往往狭窄化了，特别是心智模式受到新信息挑战时，这一点就尤为明显。学习就是基于新的经历或证据修正或者彻底改变心智模式的过程。本质上，学习就是从新的或矛盾的证据里"获取意义"，并把它们纳入到我们的心智模式中。也就是说，我们必须有意地将注意力集中在数据上，把已有的知识从长期记忆调到工作记忆中，并且能对这些数据进行思考，然后把它们纳入我们的心智模式中。这个过程很困难。要做到这点，我们需要持开放心态，避免让偏见或自我防卫系统妨碍这一过程。

心智模式与"系统1"思考很有效的原因在于，它们会帮助我们在信息过载的环境中正常发挥机能，但是在遇到与我们以往信念相违背的新信息时，它们也会产生负面效果。改变心智模式需要我们对心智模式背后存在的假设进行批判性思考和评估。麦基罗把这称为"转化型学习"——"逐渐批判性地意识到自身默认的（无意识的）假设……并评估其与理解之间的关系"。学习要求我们从新信息以及与我们信念相冲突的信息中获取意义。为了高效地做到这点，我们要持开放心态，把我们的自我与信念分离开来。

我们对于自己处理的刺激也有高度的选择性。经历不同的人很可能会关注和处理相同新数据中不同的刺激子集。我们每个人关注的都是数据中看似与自身极其相关的东西，而对其余的做到视而不见。两个工作于同一家公司的职员会接触到相同的新数据，但除非他们有严格的组织心智模式，否则他们就会用能确认他们各自知识的方式处理信息。多样化的小组可以是学习的一个推动因素，因为它可以帮助发现认知盲区。

在认知上对信息的不同理解产生盲区，是改变一个人最困难的原因之一，是在并非生死攸关的情况下推动组织变革或转型十分困难的原因，也是精明者做出错误决定、企业错过竞争时机或新趋势的原因。

良好的"系统2"思考对学习、正确决策十分必要。我们已经知道，我们的思考有缺陷，并且在很多情况下，如果学习要求我们改变自己的世界观或对自己的看法，我们就会抵制学习，甚至可能会更复杂。学习技能或如何做事也是重要的一种学习类型。技能学习需要有目的地学习，并且要大量实践。例如，采用批判性思考流程学习如何思考。

即使我们把自身思考水平提到了更高的层次，我们仍然会无意识地走思考捷径——启发法——这会降低我们的思考质量。此外，"认知偏见"也会影响我们的思考。在深层次处理问题方面，我们常常很草率，如投入的时间、精力不多。甚至我们也往往不考虑附加选项，思考得很狭隘，不会去挑战假设或检验其他观点。当然，我们还会粗心大意，不求甚解，胡乱思考。

有几种常见类型的认知偏差很重要，需要牢记。

在讲"系统1"思考时，我们已经讨论过"验证性偏见"，即我们倾向于寻找能确认我们相信的或希望存在的东西的观点。即使我们在刻意思考并用"系统2"进行推理，这种偏见也往往会导致我们做出与之前所做的相一致的决定。我们往往会抓住感觉正确的第一个决策观点而不再深入研究其他观点，因为更全面、更刻意地思考很难，所以我们经常会过早放弃思考。

"可得性偏差"（"易得性偏见"）让我们做最简单的选项。我们很容易调用那些最容易得到或很容易回想起来的信息，特别是当感知和处理那些信息时产生了某种强烈的感情，那些信息就更容易回想起来。

"自利偏见"会影响我们做决定。在某些情况下，例如数据可能指示我们做一个理性的决定时，"自利偏向"则会让我们做出有利于我们自身利益的决定。

"锚定偏差"往往会把我们"束缚"在某一特定事物上而阻止我们全力探究其他选项。一旦我们集中注意力于某个关键数据，要想从那个锚定的数据上走出来就很困难。

在这些偏见之上运行的是我们的"优越错觉"[①]。当然了，那

[①] 优越错觉：一般来说，心理健康的人倾向于认为自己比周围人优秀，这种自我肯定被称为"优越错觉"。

肯定是明智的决定——因为是我做的决定啊！我们会给自己的决定投注很多情感，会捍卫它、保护它。

管理我们的思考方式：元认知

防止"系统1"思考模式自动发挥作用和克服使用"系统2"思考模式时产生的偏见，极其困难。管理我们如何思考的过程称为"元认知"。了解并深入掌握元认知技能，可帮助我们更好地理解自己的思考方式，让我们知道在不同环境下哪种策略效果最佳。有时，当我们无意识地用"系统1"思考模式做了一个决定，但就是感觉不对劲儿，这有可能是有一个情绪线索在提醒我们，需要用更高层次的、更理性的"系统2"思考模式做决定。元认知技能，可以让我们认识到需要从"系统1"转换成"系统2"思考模式的情境，进而应用批判性探讨以及思考过程。元认知是一个极其重要的学习技能。意识到并管理我们的思考方式对学习至关重要。因此，关键的问题在于：我们怎么知道何时控制我们的思考，暂停自动的"系统1"思考模式而转换为"系统2"思考模式呢？

使用以下一些重要的策略，能让我们更好地控制我们的思考。

- 学习哪类决策需要刻意思考或批判性辩论；
- 对情绪线索保持敏感；
- 参与同事间的批判性探讨或辩论，对我们的思考进行压力测试。

以上每条策略都强调的是，你必须意识到哪种情况或者哪种类型的决策会产生十分重要的影响，因而需要你仔细而深入地思考。要做到这点，你需要仔细思考你的思考方式。白天的时候，你可以想想哪些例子、会议、事情或事件需要用"系统2"思考模式，把接下来的一天在心里"排练"一下。晚上的时候，可以抽出15分钟时间在心里回顾一下当天的事情，评估一下什么情况下很可能是需要"系统2"思考模式的。你可以列一张清单，记录可能需要使用"系统2"思考模式进行思考的问题或情境。

这是提高自身学习水平的好方法。这个方法不仅仅让"你"受益。你的思考可能会影响成百上千甚至成千上万的员工以及他们的家人。在恰当的时候把你最好的思考模式发挥出来是非常重要的。不断对你心智模式背后，有关你的商业战略、运营模式、竞争空间以及区分客户价值主张的批判性假设进行压力测试的这种能力至关重要。

几年前，我提议每一家上市公司都需要一位"异议执行副总裁"，他唯一的工作就是不断地对潜在的假设进行压力测试，感知并处理作为商业模式、战略和竞争力存在潜在挑战的早期警告信号的那类数据。我是在试图将一个过程制度化以减轻我们的天性带来的不利影响。

其他破坏学习的因素：自我与害怕

一个人晋升到管理高层之后，他的自信往往会增强，自我形象变得高大，这可能会导致他心智高傲和（或）自大。通常，因为晋升认可了个人的知识基础,他会更加固守自己的商业观点。有时候,人们在技术领域内的专业知识得到认可,会让他们错误地以为自己在其他领域也是专家。如果一名高级主管认为生活就是一场他正占上风的竞赛,那么他就会自私地继续强调他的观点,而不会持开放心态听取其他的看法。这样的做法将妨碍个人与组织的学习。

自我——我们对自己的看法——是我们学习的一大障碍。很多情况下,学习源于犯错、失败或其他提出异议的人,也就是说,为了学习,我们通常不得不承认我们错了。这对很多人来说很困难,因为承认错误会"让他们看起来没面子",或者"让他们看起来很愚蠢",或者会让他们遭受潜在的"伤害",如职别降低、绩效评估变差、没有奖金、失去工作、失去同事的尊敬等等。要克服自我防卫系统的影响,就需要深思熟虑、留心观察和管理我们的感觉和情绪。

害怕是学习中的另一大阻碍。害怕失败,害怕没面子,害怕尴尬,害怕失去地位,害怕不受喜欢,害怕失去工作,这些都会妨碍我们学习。为了成长,我们必须要承认我们所有人并没有自己想象的那么聪明。正如世界上最大的对冲基金创始人雷·达里奥所说:"我们都愚蠢至极。"

在人本主义心理学运动中产生的以学习者为中心的学习理论里,正视害怕对学习的阻碍是一个重点。人本主义心理学运动兴起于60年前,对抗的是斯金纳(B. F. Skinner)的行为刺激—反应模式和弗洛伊德(Sigmund Freud)的心理分析理论。卡尔·罗杰斯

（Carl Rogers）和马斯洛是此运动的两位领导者。根据罗杰斯所说，我们唯一着重要学的，是那些我们认为跟自身改善或提升相关的东西。最有效促进这种学习的教育情境是："（1）对学习者自我的威胁降到最小；（2）鼓励发表领域内不同的观点。"换句话说，当我们不感到害怕的时候，当我们相信"老师"真正关心我们自身并愿意通过将新信息与我们以往的经历和知识联系起来，而帮助我们从中获取意义的时候，我们学得最好。

知觉心理学家阿瑟·W. 库姆斯（Arthur W. Combs）在20世纪60年代初正式提出："我们知道人感到威胁时，（1）他们的感知范围变窄，全集中在威胁他们的事物上；（2）他们被迫保护自己已有的知觉组织。"他还提到，对经验持更开放的心态有很多好处，可以得到更多的数据；数据越多，正确的可能性就越大，更有可能做出更好的决定，并且能更好地容忍模糊性。

克里斯·阿吉里斯是哈佛大学的著名教授和学习研究方面的权威，对于自我防卫的偏好，他解释称，人类似乎有一种普遍的倾向，总是根据四项基本价值来考虑自己的行为：

1. 保持单线控制；

2. "盈利"最大，"损失"最小；

3. 压制消极情绪；

4. 尽可能保持"理性"，清楚地界定目标，并根据是否实现了目标来评估自己的行为。

阿吉里斯还解释，所有这些价值都是为了避免尴尬，避免受伤，或者避免无能感——把我们个人陷于"防卫性推理"中，让我们更倾向于隐藏行为背后的假设和避免客观地检测那些假设的感觉。阿吉里斯说，所有这些"不可避免地让学习发生短路"。当我们不害怕，当我们放下防卫心理的时候，我们才学得最好。只有那个时候我们才乐意接受新信息，才能经受住麦基罗之前所描述的那种转化型学习的过程。

当我们成为更好的学习者，更乐意接受对我们的世界观和自己看法的检验，我们的故事和心智模式就会变得更复杂、更微妙，并且我们能感受和识别更复杂的模式，能够在学习知识的阶梯上更进一步。正如爱德华·德·博诺在《水平思考法：一步一步创造》中所说："自我管理、自我最大化记忆系统在创造模式时非常好用，这就是大脑高效之处所在。"随着我们在知识的阶梯上更进一步，我们可能就会有机会接触专业知识。

安德斯·埃里克森（K. Anders Ericsson）是研究如何学习的世界顶级专家。他的研究发现，专家级水平与优秀或良好水平之间的区别不是因天赋、智商或者基因差异所致，而是由大量的练习——一种特殊的练习——所致。刻意的、专注的练习就是成就专家的不同之处，平均需要累积10000小时的专注练习。我们仔细想一想：成为一名专家级别的思想家或专家级别的领导者，要积累10000小时刻意的、专注的练习。

那么，什么是刻意练习？刻意练习就是在一个具体的领域持续不断地进行专注的、设计好的、重复的练习，外加一位老师或教练做实时反馈与重复。刻意练习如何能应用到商业领域呢？刻意练习强调在教练或导师的帮助下改正具体的缺点，这一特点可以直接应用到管理者和领导者发展方面。等你读到第十章财捷集团的案例，你就会看到财捷集团创始人斯科特·库克（Scott Cook）及首席执行官布拉德·史密斯（Brad Smith）关于他们跟导师和教练持续的合作是怎么说的——他们公开承认他们仍有需要提高的地方。同时，在第九章，你会看到桥水基金公司是如何将诊断个人缺点并公开的做法制度化的。

刻意练习的技巧，也可以运用到其他的组织环境中。例如，美国陆军在设计"指挥官思维训练"的适应性思考培训时就使用了刻意练习的技巧。

我的故事：学会思考

想一想你自己有关学习的故事，对于下一阶段内容的学习有很大的好处，这也会帮助你学会如何在生活或工作中运用书中教给你的方法。因为我们不能面对面交流，所以我会先开始讲我自己的故事。我希望你能深刻思考自己到目前为止有关学习的故事加以回应。

我是一个很幸运的人，因为我有超过21年的教育经历，其中包括两个高等研究生学位。在我上学期间以及20多年的工作经历中，因为我对成功的时机把握得足够准，所以我成了一名快速思考方面的"专家"。我认为我的思考速度是竞争优势，所以我成了一个涡轮增压快速思考者，从不慢下来对问题进行深入挖掘、质疑或批判。

我就是那样，一直误以为自己是一名优秀的思想者。

我那时可能已经接触到了一些概念，但是我并没有内化它们，到我年届不惑"碰了壁"之后一切才发生了改变。两个重大的挫折（我人生中第一次惨痛失败）——在同一周内发生——动摇了我的自信心（或者骄傲自大的性格），让我足以意识到我并没有想象的那么自信。随着时间的推移，这些挫折鼓励我深入地思考——在一个教练的帮助下——那些已经成为我心智模式基础的假设。

做到这点并不简单。我必须承认，作为一个思考者——或者甚至作为一个人——我有我所认为的那样"优秀"。我仍然像是个小孩，坐在小学教室的前几排，每次都是最快举手的一个，总想赢得老师的表扬向全班同学炫耀自己多么聪明。我必须改变了。我必须要更加谦虚，心态要更加开放，要成为一个更好的聆听者，要提高情商，要当一个真正的批判性思考者（不是伪批判性思考者）。是的，我要做的有很多。尽管过程让人感觉丢脸难堪，但是很有必要。

所以，我开始为成为一名更优秀的思考者而努力。为了停留在当下时刻，感知人们的情绪线索，关注说了什么、没说什么，我学会了真正地聆听，学会了暂时不做评判，学会了不快速说出答案。我还学会了不经常打断别人说话，在别人说完之后，我先数到十才开口。我在处理人事问题方面变得更直接。我发现，那并不全是针对我的。我开始在脑海中排演即将举行的重要会议，之后会在脑海里回想整个会议，这样就知道哪些地方可以做得更好。我意识到了不经意间伤害到某个员工时对他们道歉的重要性。作为一个领导者，我也意识到了跟人讲"请"、"谢谢"、"我错了"、"我不知道"、"对不起"、"我怎样可以帮助你"这些话的重要性。

随着时间的推移，我有了改变。什么改变呢？我的团队更加出色，我工作的公司因而也更加成功。我待人更加真诚，不再那么强势，激发了员工对组织的忠诚和工作效率，让我过去十年的企业经济回报更大。同样重要的是，我的情感也更加丰富而有意义。我成为了一名更优秀的思考者、领导者以及学习者。

成为一名更优秀的思考者、领导者以及学习者很重要。我是因为成了一名优秀的学习者，才成为了一名优秀的思考者。为了更好地学习，我不得不摒弃自我。这对我的领导方式和领导效能[①]产生了巨大的影响。

我深信，我们认知上的局限让我们做出无效的决策。那段时间的学习重新激起了我成为一个真正优秀的思想者的热情。不，我必须诚实地说——要努力变成一位伟大的思考者。我随后的又一次进步发生在我的健康出了问题之后。那件事促使我变得更加小心，更加为他人着想，情绪上变得更加积极。

你有什么关于学习的故事呢？你想过自己是如何思考的吗？你想过自己的学习流程吗？你的思考真的够吗？

---

① 领导效能：指领导者在实施领导过程中的行为能力、工作状态和工作结果，即实现领导目标的领导能力和所获得的领导效率与领导效益的系统综合。

付诸行动

1. 本章哪些内容出乎你的意料?
   _____
   _____
   _____

2. 你最想深思或践行的三个观念是什么?
   _____
   _____
   _____

3. 你想改变自己的哪些行为?
   _____
   _____
   _____

第三章

情绪：理性情结的迷思

你是否曾听过有人说"不要太情绪化，理智一点"？你是否参加过这样的商业会议，会上有人说"让我们抛开个人情绪讨论这件事"？这些表述都假设理智和情绪是二元对立的。这种二分法是错误的。理智和情绪在我们的思想和行为中总是密不可分地连在一起；两者是动态的，相互作用，相互依赖。

研究已经表明，情绪和认知共同控制心理活动和行为。大脑中主要处理和调节情绪的区域及主要与认知功能有关联的区域是互有联系的。这些区域不仅彼此间有交流，在某些情况下还有交叉重叠。情感是所有"思考"过程——从感知和注意力到内隐学习[①]和内隐

---
① 内隐学习：在不需意志努力和与任务直接相关的意识经验参与的情况下，被试无意识地获得关于刺激环境的复杂知识的过程。

关联——的潜在调节器。因此，在做决定的时候，我们应该考虑认知和情绪的相互作用，而不是期望只运用前者完全忽视后者。

你能做到完全合乎逻辑或理智吗？

不能。

情绪是否曾帮助过你做出好的决定？

是。

情绪是否曾导致你做出错误的决定？

是。

根据顶尖神经科学家玛丽·海伦·爱莫迪诺·杨（Mary Helen Immordino-Yang）和安东尼奥·达马西奥（Antonio Damasio）关于我们如何看待世界、如何学习和如何作决策的研究显示，情绪和理性思考流程之间的互动赋予情绪一种强有力的修饰作用。诸如学习、注意力、记忆力、决策和社会功能等这些认知的特定方面，"都受到情绪的深远影响并且事实上也包括在对情绪的处理中"。这种相互作用称为"情绪思维"。

那么，如果认知和情绪天生就是融为一体的，有没有可能抛开情绪不谈？当然不能。

这意味着什么呢？这意味着我们的情绪在反射性的"系统1"思考和更刻意的"系统2"思考中都扮演着一定的角色。比如，某个特定经历或任务中产生的情绪会影响我们日后的回忆，因此会影响我们的反射性、自动运行的"系统1"思考方式。实际上，情绪可以把与特定事件相关联的东西进行编码，同样会影响我们回忆起这些事件的可能性。此外，我们的心情和我们对待手头任务的态度，以及其他人的心情和情绪都会影响"系统1"思考和"系统2"思考。

这就是我们相信在思考和决策过程中抛开情绪不现实的原因。相反，我们应该关注的是在什么时候如何减轻情绪对我们思考、合作和学习造成的消极影响。很多时候，我们的情感都充当的是早期警告信号，警告我们有什么不对头，或者警告我们进入了可能有危险的区域。还有些时候，我们的情绪会战胜我们的思考，阻碍我们对问题进行更深度的分析。情绪也可以掩饰作为我们决定和行为的根本原因的那些潜在信念和假设。你是否曾经"感觉"要做的决定并不正确？造成这种感觉的是一种情绪反应——更好地理解这种反应可以让你决定是否应该"跟着感觉走"。在第八章，会详细讲述"跟着感觉走"的故事。

人体中还有一种心智—大脑—身体的联系在发挥作用。身体感觉可以引发能影响认知处理的情绪，思想可以引发能影响身体的情绪。比如，缺少睡眠或者饥饿甚至于一张不舒适的椅子都能影响工作和学习的能力。同样的，慢性应激或愤怒既妨碍清晰的思考，又对健康有短期或长期的影响。这一点的反面是对情绪的生理学影响，这会通过大量的荷尔蒙和神经传递素在大脑中"传播"开来，反过来会影响身体。我们的心率可能会加快，我们可能会流汗或感觉反胃，我们的呼吸频率也许会增加——所有这些都是情绪反应的信号。

与其拒绝承认情绪在我们所谓的脱离肉体的理性论证过程中扮演的角色，我们还不如承认并管理好它们，从而获得更好的结果。

我们必须接受科学。即使我们认为自己是非常理智的人，表面上也不是情绪化的人，但我们的情绪仍旧影响我们的思考、交流和行为以及我们对问题、新情况和决定采取的处理方式。大多数的影响都是自动的、潜意识的。我们的难题是更多留意我们的情绪状态，积极地管理它们对我们思考和学习的影响——从而尽可能扩大它们的积极影响，减少消极影响。

控制情绪，理解情绪

正如"系统2"要求我们意识到并刻意放缓我们的思考，在许多情况下，我们也需要放缓我们的情绪。我们必须从生理上和心理上控制我们的情绪，这样我们便可以阻止情绪操纵我们的思考或行为。通过深呼吸和散步来减轻生理应激从而"驯服"情绪。尽管我们不能彻底"关闭"我们的情绪，但我们可以刻意地试着理智思考所处情境，诱发情绪反应去"开启"大脑中可以"打压"情绪的认知区域。我们完全可以把控对我们感觉到的情绪采取何种反应。在很多情况下，这有助于我们做出更好的决定，心态变得更加开放。要变得更加留意和更加理解我们身体的信息和感觉，另一种方法是练习"专念"，第六章会专门讨论。

除了要意识到我们的情绪反应，理解它们在特定环境中告知我们的信息也很重要。基本上，情绪提供的是直觉的信息，"好或坏"，"靠近或躲避"。情绪也传递类别更为微妙的信息——"效价"和"唤醒"①。唤醒带给我们的是关于兴奋—冷静维度内的信息，告诉我们行动要多快或刺激的重要性。比如，在黑暗无人的地方，一个长相令人不爽的人向我们走来，这会引起高唤醒。在商业环境中，一位不随和的或不友好的管理者给出的一份绩效评估或者即时批评会引发高度消极的情绪唤醒，这会影响个人对所讲内容的聆听、处理和理解。

效价是指引发情绪反应的刺激是愉悦的还是非愉悦的，传递的是关于"价值"的信息。比如，一位受人喜欢的老板和一位不受欢迎的老板向我们走近，我们对他们会产生不同的情绪反应。第一种情形产生的是积极情绪，而另一种产生的是消极情绪。

因为积极情绪通常增强我们的认知过程，而消极情绪则会限制并窄化我们的认知过程，所以这一点很重要。换言之，积极情绪通常启动的是更高水平的、"系统2"的思考，而消极情绪通常阻碍更高水平的思考，喜欢的是更具反射性的、"系统1"的反应。

积极情绪的力量

积极情绪能够启动并加强认知处理、思考和学习的观点有大量的证据。积极的工作环境一般也可以提升学习，因为它们可以带来积极情绪。

---

① 效价和唤醒：情绪的维度理论认为，情绪在根本上来源于欲求动机系统和防御动机系统的不同激活，由愉悦和唤醒两个维度构成。愉悦表明哪一个动机系统被情绪刺激激活，而唤醒表明每个动机系统的激活程度。愉悦维度又称效价，在愉悦（积极）和非愉悦（消极）之间变化；唤醒维度则在平静和兴奋之间变化。

在过去的二十年里，积极心理学领域蓬勃发展，恰逢认知神经科学、社会神经科学和情感神经科学兴起。积极心理学运动引发了人们对心理健康、恢复力、心理健康与身体健康的关系和正向偏差的广泛研究以及对正向组织的关注。积极心理学运动的基础是芭芭拉·弗雷德里克森（Barbara L. Fredrickson）教授的积极情绪研究。更好地理解她的著作能帮助我们了解积极情绪在我们职业生活中的作用。

几十年的研究已经为负面情绪具有进化适应作用的说法提供了支持，因为负面情绪让我们以一种非常特定的、充满焦虑的、自我保护的方式行动，而这些方式对我们的生存——例如逃跑还是战斗——十分必要。弗雷德里克森的研究以及她的"拓展—建设"理论假设指出，长期以来，积极情绪也具有进化适应性，因为它们通过提高我们的意识而帮我们建立生存资源，这些反过来又促进探索，扩大关注范围，增加行为反应的宽度，促进直觉，促进创造力。积极情绪意味着接触新观点，有更好的解决问题的能力，接触未确认的信息，思考不再那么僵化，能更好地回忆中性或积极的刺激，缓和自我防卫系统。

埃里斯·艾森（Alice M. Isen）是另一位研究积极情绪对认知、动机甚至职场互动的影响的多产研究员。艾森的研究证明，积极情绪（以及充满积极情绪的环境）一般能够增强或者扩展认知处理和决策过程，因为：它们可以提高我们评估模糊性或中立数据以及未确认信息的能力；可以把新信息与已有知识联系起来；可以发现不同的理解或数据的解释；可以减少面对面谈判中的冲突。她还发现，那些进入一种情境中感觉积极的人可能会更充分地使用决策过程，冒巨大风险的可能性会减少。上述所有这些积极情绪带来的益处对支持学习型组织十分重要。

积极性研究的另一个重要发现表明，通过训练，个人能够增加他们每天经历的积极情绪的数量，减少消极情绪的数量。因为相比消极情绪，积极情绪能让我们学得更好，所以这对任何组织来说都十分重要。那么，有什么方法可以提高个人的积极性水平呢？研究显示，每天至少向三个人表达感激之情，多微笑，每天记录与积极情绪有关的事情，每天花时间思考人生中美好的事情，这些都会增加积极情绪。

美国陆军的重大项目"军人综合健康计划"（CSF）证明了积极心理学的优势和适用性。军人综合健康计划的目标是训练100多万名军人增强心理优势和增加积极表现。作为军人综合健康计划的一部分，美军邀请积极心理学运动的创始人马丁·塞利格曼（Martin E.P. Seligman）参与其中。芭芭拉·弗雷德里克森和萨拉·B. 阿尔吉（Sara B. Algoe）现在领导着一个工作组设计课程来培养士兵的情绪恢复力。基于提升积极情绪水平可以增加恢复力可能性的科学证据，他们设计的培训内容包括：学习情绪和情绪对生理以及心智的影响；学习如何管理情绪；减少消极情绪的产生次数；增加积极情绪的产生次数。虽然军人综合健康计划处在初期阶段，但我们要认可它，因为它代表着一个组织所做的重要努力，这个组织是一个几十年来始终处于资助和应用认知心理学学习研究第一线的主要组织。

与积极情绪的积极影响形成对比的是，负面情绪对认知处理、决策以及学习产生有害的影响。负面情绪迫使我们窄化关注点，从而分配更多的资源去应对感知到的威胁——无论是身体上的还是情绪上的威胁。如果环境中存在对自己或他人造成身体伤害的风险，这种窄化的关注点有好的一面，起保护作用。然而，在大部分组织环境中，这种窄化的关注点不仅不合理，而且还会对学习造成负面影响。当涉及到情绪威胁时，这一点尤其如此，因为它对我们的自我造成攻击并且激活了自我防卫系统。

在组织环境中，诸如焦虑或者害怕等持续的负面情绪对我们的学习十分不利。害怕和焦虑损害理解力、创造力和从长期记忆中回想信息的能力。它们导致人们把中性或模糊性的信息理解得更加负面，因为人们感受到了更多的风险，不管这些风险是真实的还是感知的。有关焦虑与决策的研究显示，焦虑通常会增加我们认为有潜在消极后果的可能性，通常会增加我们规避风险的可能性，增加我们回想记忆中消极事件的倾向。

例如，如果我们对新工作挑战感到焦虑或者因为我们被要求改进工作方式，我们会过多地回想过去类似情况的负面经历，我们就会有担心发生最坏情况的倾向，我们可能会尽量逃避那些我们（通常没道理地）觉得有风险的情境。在那种情况下，我们不太可能会想出什么创意，因为我们倾向于保持低调，逃避风险，生存下来。

格雷戈里·S. 伯恩斯（Gregory S. Berns）教授把害怕称为"应

激之母"。这是因为害怕最大限度地激活了我们的应激—反应系统，并且"能够凌驾于大脑中其他所有系统之上，而应激系统不是理智的"。我们大脑中的边缘系统是应激—反应系统的一个主要组成部分。在合理的害怕的情况下——火车开过来了！——边缘系统被触发，后续的应激反应增加我们的生存机率。让开迎面而来的火车这件事不需要我们理性的思考——自动的系统1会做出反应。然而，应激—反应系统有不利的一面，出现不合理的或夸大的害怕，边缘系统会战胜或劫持我们的思考和任何认知过程，结果做的决策很糟糕，认知处理也弱化。

我们学习时遇到阻碍或不能充分学习的原因大多是对什么事情有所害怕。害怕往往是我们不能改变那些我们想要或需要改变的行为的原因。我们害怕的是什么？我们害怕同事认为我们的想法有缺点或愚蠢，害怕会失去工作，害怕会失败，害怕不受人喜欢，害怕看起来没面子或尴尬。

不幸的是，克服害怕反应很艰难。我们不能在脑海里遇到害怕就跑开或藏起来。我们往往会在很长时间内深深地记住过去那些让人害怕的事件以及随之产生的害怕反应。它们铭刻在我们的脑海里。当我们遇到相似的环境，这些记忆几乎同时就让我们做好准备产生害怕的反应。这些反应是不准确的，并且，即使实际的刺激并非平常会害怕的东西，这些反应也会被引发。

如果我们不能彻底消除焦虑或害怕的反应，那么问题就变成了这样：我们怎么管理或减轻随之产生的不恰当的认知和心理反应？

纾缓害怕的反应或焦虑的反应有两种技巧：（1）把所处的情境再构造成不那么害怕的东西以及（或者）（2）理性地减轻情境里感觉到的、潜在的有害影响的程度。

对害怕的反应进行再构造，就是把一个害怕的情境重塑成一个不害怕的情境。这需要费一番功夫，但通过思考害怕情境的其他讲得通的解释，再构造也是可以做到的。例如，你可以告诉自己："是的，我害怕在区域经理面前做这个演讲，但这是一个大好的学习机会。"

理性地减轻对情境的害怕程度就是淡化消极后果的消极面或低估其可能性，你可以跟自己说："好吧，我可能看起来愚蠢，但我们现在都只是在做头脑风暴，不可能每个想法都会让人满意。其他人可能也跟我一样。"在第五章我会进一步讲到如何解释并缓解情绪障碍。

理解情绪，管理情绪

情绪对我们如何认识世界和与世界互动极为重要，它们与许多东西密切联系在一起，比如：感知，洞察，解码记忆中的经历，记忆回想，思考，决策，创造力，考虑替代选项，动机，举止，人生观，体觉，生理反应。某些特定种类的情绪，比如害怕、焦虑和应激，可以凌驾于我们的认知系统之上。情绪是可塑的，我们可以采取措施避免产生这些会凌驾其他系统之上的情绪，认识到这点对于理解情绪的力量至关重要。对于如何解释我们的情绪和如何管理它们的影响，我们是有一些掌控权的。其中的挑战是学会如何管理我们的情绪，从而让它们对我们有利，不对我们产生伤害。

管理情绪是情商的一个方面。情商一般的理解是能意识到并管理情绪的能力。它跟元认知——能意识到并更好管理自己如何思考的能力——有相似之处。多年来，情商的概念已发展成四个分支的模型：

1. 感知情绪——有能力认识并评估语言和非语言信息。

2. 运用情绪——有能力获取和（或）生成能促进诸如创造力和问题解决能力等认知过程的情绪。

3. 理解情绪——有能力在认知上处理与获取有关自己和他人感觉的知识。

4. 管理情绪——有能力调节自己和他人的情绪。

每一个分支的下层都包含几种能力，四个分支总共有17种能力。情商跟智商的相似之处是情商也不是不可改变的，而是可以加以提升。如今很多学校系统开设了情商能力的课程。然而在商界，传闻有证据表明人们对情商的讨论多于操作实践。学习型组织应该优先考虑这17种能力，设法培养并树立榜样。

以上四部分模型中我尤其感兴趣的一个是"运用情绪"分支下"生成情绪以促进判断力和记忆力"的能力。这意味着我们可以积极地把情绪或记忆带入意识，从而改变我们的情绪状态，最终调整到更好的心态再做决策。问团队"我们准备好开始了吗"这个问题太空泛了，更好的问法是问每个人是否处于良好的心态，是否感觉良好，或者每次开会先讲一个积极的故事。

神经科学家理查德·J. 戴维森（Richard J. Davidson）对于情绪在组织环境中的角色有另外一个模型。该模型是建立在判定个人独特"情绪风格"的基础之上的，有6个维度：

1. 恢复力：从逆境中恢复有多快或多慢。

2. 前景：积极情绪能维持多久。

3. 社交直觉：是否擅长从他人身上获取社交信号。

4. 自我察觉：对反映情绪的体感的感知程度。

5. 情境敏感性：是否善于根据所处的情境调整自己的情绪反应。

6. 注意力：注意力的集中程度。

戴维森模型用分析工具根据6个维度对我们进行排序。这个模型可以帮我们理解我们的情绪倾向，从而提高情商，更好地管理我们的情绪。这种诊断法加上MSCEIT情商量表（Mayer-Salovey-Caruso Emotional Intelligence Test）以及卡罗尔·德韦克（Carol Dweck）的成长心态诊断法，任何雇主如果寻求雇佣适合融入顶尖学习型组织的员工一定都会感兴趣的。

主题小结

事实证明，我们都是理性与感性并存（或者说感性与理性并存）的思考者和学习者。这意味着，个体的学习流程和成为学习型组织所需要的流程，比起仅仅学会更好地思考和更好地做决策要更为复杂。人们是有情绪的，组织是有情绪的环境。

我们的行为方式和与他人的交流方式直接影响他人——他们的学习意愿与他们的学习效率。在教导员工的时候，如果我们的行为方式让他产生消极情绪，大多数情况下他的学习能力会减弱。如果其他员工目睹了这一不好的行为，他们的学习能力也将会受到消极的影响。有意识或无意识地留意到我们感知到的或者预料到但是没有感知到的刺激，我们的情绪就会被触发。这些刺激可以被任何感觉器官感知到。举个例子，管理者的肢体语言，未成功获得肯定，没有眼神交流，多任务处理，插话的癖好，消极的态度、言语、语调或面部表情，音量，粗鲁，吝啬，感觉迟钝，或者不礼貌行为等，这些都可以在员工之间触发阻碍学习的情绪和产生逃避意向的情绪。害怕的文化或者犯错会受罚的环境通常都会阻碍学习。

我们知道，积极情绪和一个富有积极情绪的环境通常能促进更好的思考和学习。如果你是一个组织的管理者或者领导者，你必须注意自己的情绪状态，因为它影响你自身的学习。同时你必须关注自身的情绪状态和行为，因为它们影响他人的学习。积极性在学习中具有影响力和推动力。

为了最大化学习，我们必须对我们的情绪很敏感并且必须要管理好我们的情绪。就跟"系统2"思考要求有目的性地努力一样，对情绪敏感并且管理好情绪以防止其阻碍学习或局部最优化学习需要刻意为之。就像雷·达里奥所说的："不要让你的情绪劫持你的思想。"

付诸行动

1. "让我们抛开个人情绪讨论这件事。"想一想,你工作、生活中,用这样二元对立思维方式来沟通,其结果是什么?有没有可能抛开情绪不谈?你能做到完全合乎逻辑或理智吗?

_____
_____
_____

2. 试行"积极情绪"30天,写下自己工作生活状态的变化。影响圈是否有扩大?

_____
_____
_____

3. 你是否有什么事情一直想做,但又觉得领导不是很支持,而且担心万一做错还得受罚?为了克服恐惧心理,你应当做些什么?一周伊始,你又能在本周做一件什么事呢?

_____
_____
_____

第四章
学习心态：对待动机、目标追求和成就的不同方式

建立学习型组织很像建房子。建房子需要地基、电气和管道系统、屋顶以及保温结构，而你必须把这些要素整合起来才能建造出想要的房子。这同样适用于建立学习型组织所需的各个要素。构建高效学习型组织的公式有三个关键要素——合适的员工、良好的环境、能让员工学习并促进学习的正确流程。三者有机结合才能产生最佳效果。

学习型组织需要员工有正确的学习动机和学习方法，即学习心态。效率高的学习型组织雇佣并培养喜欢学习和主动寻求学习的人员。培养员工学习，要求管理者和领导者不但自身是优秀的学习者，而且还要是优秀的学习推动者（老师）和榜样。本章介绍个人学习倾向和学习动机背后的科学。

学习心态

心理学家花费了几十年的时间研究个体对待动机、目标追求和成就的不同方式如何影响他们的学习，"学习心态"这一概念就源自这项研究。这个研究的三个方面和我们的目标相关——第一个方面关注的是人类的基本动机需求；第二个方面关注的是人类对自己在学习中或者面对挑战时会如何表现的信念；第三个方面关注的是个体如何确定目标和如何定义成就。

这项研究的第一方面涉及人类对生存以及过有意义生活的基本需求。正如弗洛伊德所说，我们寻求或者趋近愉快或积极的经历，回避痛苦的或者消极的经历。这是心理学中的一个基本概念。根据我们自身和他人的经历，我们认识到什么会产生积极的结果，什么会造成消极的结果。利用我们的感官系统、认知系统和情感系统内的信息，我们"趋近"积极的事情，"回避"或者逃离消极的事情。"趋近或回避"也适用于学习、面对新挑战以及应对模棱两可或者不确定的情况。

如果我们在童年或者工作中有过积极或者消极的学习经历，那么这种经历将会影响我们日后的学习倾向。比如，假设你的经理鼓励你试着用一种新方式去做一件事情。你第一次尝试效果不太好，你的经理当着同事的面嘲笑你。这种反馈会导致你在以后的工作中对尝试新方法不大可能有什么好感；你会因为之前这种消极的经历尽力避免采用新方法做事。

员工在被雇用的时候，已经对学习和被带离自己的舒适区产生了根深蒂固的信念。这些信念来源于他们以前在学校、工作和其他生活情境中的经历，积极的和消极的都有。理解这些经历如何塑造了他们的学习信念是雇用过程中行为面试的目的之一。

尽管关于学习的这种"痛苦与愉快"式的理解对我们有帮助，但是近期的研究方向已经超越了仅仅观察趋近和回避行为的层面，开始深入研究痛苦和愉快之外是什么刺激着我们的行为。关于动机的理论非常多，有关学习心态定义的理论中尤其重要的一个是"自我决定"理论，指出人类对三个方面拥有与生俱来的心理需求：（1）自主需求，即对我们自身行为的一些选择和控制；（2）胜任需求，即胜任和成就感；（3）关系需求，即和他人之间互相尊重和依赖的感觉。

比如，一名员工被要求改变一个现有的工作流程，如果她已经有了如何改变和何时改变的想法，她很可能会表现得更好。而且，如果这种改变在她的能力范围内并且她获得了进行改变的工具，她很可能会有更大的动力。有想法满足的是个人的自主需求。个人感觉自己有能力且拥有实施行动的必要工具，那么这种感觉就能满足个人的胜任需求。所有的这一切都将促进学习，使得向新流程的转变更加有效。

同样的，如果学习经历让个人跟团体产生了关系需求和归属感，通常这种学习经历被认为是更积极的，因此就增加了个人进一步学习的可能性。在工作环境中，若能成为伟大团队的一分子而且（或者）员工在效力的组织里感觉自己受尊重并且他也尊重组织的使命，那么他的关系需求就会得到满足。以上文提到的例子为例，如果员工能理解改变的目的以及改变会对整个公司的使命有贡献，那么员工对归属感的需求就会增强。

跟"胜任需求"相关联的是阿尔伯特·班杜拉（Albert Bandura）提出的"自我效能"理论。班杜拉是斯坦福大学的一位教授，是世界上最著名的心理学家之一。自我效能是我们对自己能否完成某事的一种信念。简言之，如果我们相信自己能做到，我们就更有可能去尝试。这种信念的力量是我们学习最佳化的决定性因素，也是我们如何应对新情况或者新挑战的决定性因素。它影响我们的知觉、认知处理、目标和对应激的承受度。

如果我们有很强的效能感，我们会倾向于：

- 处理有难度的任务，把它们当作挑战而非威胁；
- 坚持不懈，坚定目标；
- 把失败归因于不够努力或者不良的学习策略；
- 迅速从失败或者错误中走出来。

相反，如果我们的效能感较低，那么在给定的环境中，我们通常会：

- 把困难的任务当作个人的威胁而逃避；
- 对选择的目标没有强烈的渴望和坚定的承诺；
- 对个人的不足、障碍以及潜在的不利结果感到担忧；
- 把失败的原因归结为自身的缺陷；

- 遇到困难迅速放弃；
- 很难从错误或者失败中走出来。

我们把自己置身于有可能处理好的富有挑战性的情境——我们有必要的能力和工具去应对的情境——中而建立自信。随着我们的自信心越来越强，我们也更愿意去承担更具挑战性的任务。

班杜拉说，效能信念还影响我们如何看待威胁。如果我们相信自己可以应付威胁，那么我们被威胁困扰的可能性就更小。但是如果我们认为自己不能应对它，那么我们很可能会高度焦虑，担忧自身应对能力的不足，认为所处的环境中有很多方面充满危险，夸大可能的风险。所有的这一切都会形成应激，损害机能。在工作环境里，生产中出现故障、主要产品被召回、某位员工有破坏性行为或者某位重要客户威胁要转移其业务，这些都可能是威胁。我们如何应对这些挑战取决于我们是否相信自己有能力处理好它们。

学习型组织需要具有自我效能的管理者和领导者，需要雇用有自我效能的员工，需要为所有年轻员工制定包括培养自我效能在内的发展计划。自我效能在充满变化、模糊性和不确定性的商业环境中非常重要。如果商业中变化越来越多越来越快是常态，拥有相信自己能适应和应对这些变化的员工、管理者和领导者就是一个竞争优势。如果员工有很强的自我效能，他们在应对新挑战或者探索和发现新方法时就感觉更自在。他们更乐于被置于未知的环境中，并且能很好地应对需要创造和创新的情况。他们设法从错误或者失败中学习，不把失败或错误归结为自身意象。因此，作为学习者他们的恢复力更强。

自我效能理论和自我决定理论，有助于管理者了解员工面对挑战和威胁时会如何反应，也有助于他们用有可能最富有成效的方法再构造新挑战。

研究的第三个方面与管理者尝试确定员工的学习心态有关，涉及个人如何设定目标和如何定义成就。这一研究分支有一系列的二分法，其中两种就是外在动机—内在动机与表现目标导向—掌握目标导向。

在进一步探讨这两个范畴之前，这里有一个简短的提醒。把二分法用来对人进行分类，二分法是实用的便捷方法或非此即彼的方法，具有指导意义。但是这些二分法是存在于连续区间上的，并且人们的行为方式在连续区间上属于哪个范围部分取决于手头的任务和所处的环境，在此说明这一点很重要。尽管这些范畴就是黑白两类，而在现实生活中，大多数人的行为很少是非黑即白的情况，而是有不同的级别。二分法也会像智商一样给人们"贴标签"，这可能并不公平。比如，我们现在知道智商不是固定不变的，我们可以持续学习并在我们的生活中实质性改造我们的大脑。因为我们的大脑具有可塑性，这意味着我们的神经通路和神经流程可以持续改变，智力的基本方面也可以改善。同样，有证据表明学习和获得成就的方法也可以改变，因此在二分法的范围内可以改变一个人的"分类"。

总而言之，人学习的动机，要么是内在原因，要么就是外在原因。内在原因可以描述为"我喜欢学习，因为学习让我感觉良好"，或者"我学习是为了自己"。学习过程以及学习本身就是一种奖励。外在动机可以描述为"我喜欢学习，因为学习让我从别人那里得到分数、奖励、认可、名誉、爱和尊敬"。外在动机推动的学习者，在自己的生活和自我意象中赋予外界很大的力量，并很努力工作以得到别人的赞许。对他们而言，学习是实现目标的一种方式，这个目标就是得到他人的认可或称赞。因为他们的自我价值由别人定义，所以他们努力避免出现让他人失望的事情——比如成绩差或犯错误。因此，他们更愿意避免太多的风险，停留在能力的安全区内。

外在动机推动的员工获得成功的动机很大，也非常有竞争力。他们通常都更以自我为导向而非团队为导向。他们担心的是谁会得到赞赏。研究表明，在极端案例中，这类人更有可能隐藏信息，更有可能为了胜利而欺骗他人。

学习的内因—外因二分法也跟另一个二分法有联系：掌握目标导向—表现目标导向。学习者要么是"掌握者"，要么是"表现者"。掌握者寻求通过学习提升和发展自身的能力，而表现者寻求通过向他人展示他们的聪明之处或者超过他人来展现自身的能力。还有一个理论模型我发现非常有用，因为它既包含了内在动机—外在动机，又包含了掌握—表现的二分法。这个模型来源于斯坦福大学卡罗尔·德韦克教授几十年的研究。她的模型是成长心态—固定心态。

德韦克发现，有表现心态或固定心态的学生会为了得到好成绩以及外在奖励而努力表现，当他们犯错或失败以后，他们会出现防御性的行为。他们认为智力和天资是固定不变的（比如，人们要么擅长数学要么不擅长数学）。这类学生不仅疏于寻找富有挑战性的学习难题（因为他们认为自己的天资有限），而且还会积极地躲避那些难题。为什么？因为他们的主要驱动力是为了得到肯定和积极的反馈以证明自己的智商。他们躲避可能失败的情况或者机会，因为失败威胁到了他们对自我意象的固定看法。他们产生了一种内在的恐惧文化——害怕挑战，害怕挑战自己——并且在对消极反馈进行认知处理方面有困难，因为他们会自动产生防御、转移或者否认的情绪反应。这些表现导向型或者固定心态的人把他们的自我完全跟做正确的事和让自己看起来正确——而非学习——联系起来。

相比之下，德韦克发现拥有掌握型或者成长型心态的人完成任务或学习科目是受内在的驱动，并且他们相信人的智力和天资不是固定不变的，而是可以通过努力提高的。他们倾向于寻求挑战和机会以拓展他们的技能。如果他们犯了错误，他们会更努力地工作以纠正错误。这类学生不把错误和失败当作是关于自己的消极反馈，而是把它们当作关于他们学习策略或者他们付出努力的消极反馈。错误或者失败对于这类学生并不像对表现导向的学生那样会削弱他们的自我。掌握型导向的学生往往对自我价值有一个更为确定的看法。他们相信他们可以学习，并积极寻找有学习机会的情境，从中获得成长。

德韦克引用著名社会学家本杰明·巴伯（Benjamin Barber）的话说："我不把世界上的人分成弱者和强者，或者成功者和失败者……我把他们划分为学习者和非学习者。"当然，这不是说人不可能从一种心态转变成另一种心态。事实上，在考虑学习风格时最重要的一件事就是要认识到我们的学习心态是可以改变的。我知道这一点，因为我的学习心态就发生了改变。

回顾过去，我认识到在成长过程中我一直是一名表现型导向的学习者——当然，我当时没有意识到这一点。我自我表现就是为了得高分，让我的父母感到骄傲——特别是我的父亲。我在法学院时，表现自我一直是我的驱动力。我学习非常努力，成绩也很好。

然而，后来我的心态发生了转变。那时我一边在学习纽约大学法学院税务项目的法学硕士课程，一边在纽约市从事律师工作。在那里，我跟随几位智力超群的税务巨人学习，其中包括吉姆·尤斯蒂斯（Jim Eustice）、维克多·佐纳纳（Victor Zonana）和史蒂夫·加德纳（Steve Gardner），这些人教授税法并积极从事税法工作。在世界上他们是自己行业中的翘楚。他们让我体验到了为学习而学习的兴奋感，让我找到了在自己行业里努力奋斗成为专家的内在快乐。在他们的指导下，我的动机从表现导向转变成了掌握导向。

我早期当律师的经历也很大程度上影响了我对消极反馈的反应方式，帮我脱离了表现导向的心态。我有一位导师、合作伙伴，我称他"反馈先生"。他告诉我，要想成为某个领域的优胜者，消极的反馈是必不可少的。（非常感谢你，Peter。）他教我遇到消极反馈时要停下来反思，而非自动地防御、转移或者否认。他告诉我，消极的反馈并不是针对我，而是为了在特别的案例中促使产生最好的法律备忘录或者诉讼案情摘要。随着事业发展，我逐渐认识到要想得到这种有建设性的反馈是多么困难。我们大多数人收到的是有所保留的或者主观上正确但实践中毫无用处的反馈，而非那种能帮我们改善自身技术的具体而有建设性意义的反馈。特别是在你可以培养自己的心态去吸取这种反馈而非转移它们的时候，你会发现这些富有思想性和建设性的反馈是很有价值的。

培养成长心态

总的来说，要想成为一个学习型组织，你需要选择并培养喜欢甚至热爱学习的员工。你需要有好奇心足够强烈且能持续学习的员工。在今天的商业环境中，持续不断的改善是入场筹码。组织想不断改善自身，就需要有愿意不断提升自己的员工，即优秀的学习者。

德韦克的研究表明，对学习有内在动机并持掌握心态的人——即有成长心态的人——是更好的学习者，不害怕消极的反馈、失败、艰难的任务、不确定性和新情况。班杜拉的研究发现，自我效能感高的人恢复力适应力可能更强。如果你给这些人一些掌控力，让他们掌控自己工作的某些部分，他们甚至会做得更好，因为他们拥有一些自主性和控制自己命运的能力——根据瑞安和德西的自我决定研究，这一点很重要。如果人们有一种归属于某一伟大的学习型团队或者组织的归属感，那么你就满足了他们的关系需求。如果再把拥有这些富有成效的学习特质的人放到积极的情绪环境中，那么你就踏上了建立学习型组织的道路。

当然，现有的组织不可能干脆把有固定学习心态的员工清理出去，然后雇用有成长心态的新员工。现在关键的问题是：你能教会人们摆脱固定心态，培养成长心态吗？

因为我个人的经历证明了这一点，所以我相信你可以做到。哈佛大学的教授们认为，人的思维特质是可以教出来的。他们提出的关键思维特质清单相当不错，其中所列的特质包括：具有开放的心态，探究不同的观点；思考多种选择，有探究的倾向；热衷于追究，具有对既定事物加以质疑、要求合理解释的意向；对证据的需求保持敏感，能够权衡和评估理由。他们认为所有这些特质都可以加以培养和强化。

在尝试践行学习的科学方面，美国陆军远远超前于大多数的企业。美国军队把这个研究应用到了适应型领导力转型项目以及军人综合健康计划中。陆军的重要关注点之一是"坚韧"——这不是我上文提到的研究员用的一个术语，但是它却和班杜拉的自我效能模型、德西和瑞安的自我决定模型以及德韦克的成长—固定心态模型有一些非常有趣的共通之处。美国陆军对坚韧的描述如下：

坚韧是一种心理风格，和恢复力、健康体魄以及在各种压力条件下的表现相关。坚韧度高的人对生活和工作有强烈的责任感，积极地参与到周围发生的事情中。他们相信自己可以控制或者影响发生的事情，并且喜欢新环境新挑战。他们也是内在动机驱动的，自己为自己制造目标感。

美国陆军有关坚韧的这一概念融合了班杜拉的自我效能概念，因为坚韧的概念中声明拥有坚韧品质的人"相信自己可以控制或者影响发生的事情"。由于概念中也提到了"在各种压力条件下的表现"以及对"生活和工作有强烈的责任感",这个概念看起来也符合自主需求、胜任需求和关系需求的自我决定模型。最后,概念中把那些坚韧度高的人描述为"喜欢新环境新挑战"以及"是内在动机驱动的"人,所以它同样也适合德韦克的模型。

美国陆军发现,坚韧度高的候选人适应力很强,是最成功的特种部队人选。陆军领导力培训的目标就是培养能适应富有挑战性的新环境以及不确定性的领导者,即会学习的领导者。美国陆军特种部队认为,适应性学习建立在自我效能、恢复力、开放心态、掌握成就动机以及对模糊性和不确定性的容忍之上。关键的适应技能包括元认知、解决问题/做决策的能力、人际交际能力和自我觉察能力。适应型领导力培训强调的是发现型学习、掌握导向而非表现导向以及刻意练习。

X理论—Y理论的管理者心态

要成为学习型组织并鼓励学习心态,至关重要的是组织的管理者和领导者要有学习心态。这一点,尤其是他们对员工的有意识或潜意识的信念,对管理者成为好的学习型老师或者促进者的能力有影响。对"管理心态"的重视很关键,因为管理者对待员工的行为以及和员工在一起时的行为部分是由他(她)自身对待员工的潜在心态推动的。和我共事过的多数管理者和领导者要么没有意识到他们自身的心态,要么不能直面自己的心态。更多地关注管理心态有助于向学习型组织转型。

在一次演讲中,麻省理工学院的教授道格拉斯·麦格雷戈(Douglas McGregor)挑战了自工业革命以来主要的管理模式——专制的、"命令和掌控"型的管理风格——背后的假设,推进了关于管理心态的思想。道格拉斯·麦格雷戈指出,管理者和领导者对员工的本性有一种潜意识的假设,认为员工要么符合他所谓的"X理论"模式,要么是"Y理论"模式。这种观点对我们寻求促进学习很重要,因为领导者和管理者一旦明白他们对员工的信念,就可以改善他们与别人互动的质量,而这将直接影响学习。

X理论管理者

正如麦格雷戈对X理论管理者的定义所说,X理论管理者基本上相信员工天生懒惰,不是很聪明,容易受骗,以自我为中心。他们认为员工一般都缺乏雄心,抵制变革。他们认为,为了得到组织成果,管理层的工作就是用奖惩去指导、激励、控制甚至于修正员工的行为。X理论管理信念是以下说法的依据:

- 如果你让员工一寸,他们会进一尺。
- 对员工友好仅仅意味着他们会利用你。
- 以员工为中心的做法与高度的责任心不一致。
- 员工能有一份工作算是幸运的,如果他们不想要这份工作,还有其他很多人想要。

在我和许多管理者的谈话中,从未有人承认自己是X理论管理者。但是如果我问到关于员工动机、管理者的管理风格以及为得到结果采取的行事方法等开放性问题，我听到的都是X理论的答案。我深信，X理论的信念会导致学习型交谈、反馈型交谈、合作、信任的建立和员工的高度情感投入等方面变得困难。

好了，X理论看起来没有什么前途，那么Y理论如何呢？

Y理论管理者——Q12测试工具

麦格雷戈对Y理论心态的解释并不如他对X理论的解释那么清晰或详尽。我发现把Y理论当作X理论的反面对我们有帮助。

Y理论管理者认为，员工有承担责任的能力，可以继续发展并为组织的利益做贡献。持该理念源于其过去在秉承X理论的组织中的经历，对许多员工而言这些能力的发展受到了阻碍。管理层的工作就是为员工创造环境和机会让他们成长，并且让他们个人的成长与组织的成长相一致。

麦格雷戈的研究挑战了我们每个人对下面这个问题的回答：关于管理员工最有效的方式我的假设（内隐的和外显的）是什么？而且进一步的问题是：员工对我的假设会怎样评价呢？

盖洛普咨询公司（Gallup, Inc.）花费数年时间对员工敬业度进行研究并测试，提出了十二个关键问题——《伟大管理的12个要素》。我认为，对于判断员工在奉行X理论或Y理论的管理者手下是否在有效工作，这十二个问题有良好的指示作用。来看看下面的问题：

- 在过去的七天中，我因为工作完成得好而得到认可或者受到表扬了吗？

- 我的上司或者同事看起来关心我的个人情况吗？

- 工作中有人鼓励我发展吗？
- 去年我在工作中有学习和成长的机会吗？

对这些问题的回答，X理论管理者带领的员工与Y理论管理者带领的员工在性质上会不同吗？我认为会。

一个高效的学习型组织要求它的员工是学习者。要成为高效学习型组织，组织的首席执行官和其他领导者以及管理者必须在学习行为和态度方面树立榜样，并且必须在实际中教员工学习，促进员工学习，提供机会让员工能够学习。信奉X理论的领导者和管理者的心态看起来会抑制这些行为，而信奉Y理论的领导者和管理者的心态则会促进这些行为。

主题小结

本章主要关注的是高效学习型组织公式中人的因素。我们从三个不同的方面探讨了这一因素：员工的学习心态；满足自我效能和自我决定的需求会如何让学习成为可能；管理者和领导者对待员工的心态。我们认识到，拥有内部动机、自我效能感高、对待学习采取掌握的心态并且把学习当作个人成长的途径，这类人更可能寻找学习机会，成为恢复力强的学习者。在充满变化、不确定和模糊性的环境中这一点尤其正确。

我们还认识到，比起有X理论心态的管理者和领导者，拥有Y理论心态的管理者和领导者能更好地让员工学习。在第二章中，我们讨论过学习需要个人把新学习到的融合到他的心智模式或世界观中；在有些情况下，还需要融合到他的自我认识中。如果个人的学习经历本身满足了他对自主、关系和胜任的基本需求，这种转化过程就会更加容易。在工作环境中，如果员工对学习流程有了解，拥有完成任务的必要能力以及必要工具，学习的原因或者目的对商业目标和员工的成长都有意义，那么转化型学习就更有可能发生。

　　拥有合适的员工是建立高效学习型组织的必需因素，但是光有合适的员工还不够。你必须拥有能让员工学习和促进学习的环境和流程。在下一章，我们将探讨高效学习型组织公式的第二个因素——良好的环境。

付诸行动

1. 弗洛伊德说：我们寻求或者趋近愉快或积极的经历，回避痛苦的或者消极的经历。如果我们在童年或者工作中有过积极或者消极的学习经历，那么这种经历将会影响我们日后的学习倾向。请列出你的学习习惯，一个好习惯，一个坏习惯，并写出这两个习惯给你带来不同后果的故事。

_____
_____
_____

2. 看看你写下的坏学习习惯。你愿意为了打破这个坏习惯做出一切必要的付出和努力吗？若是，请写下三件你将着手做的事情。记录下你的进步过程。

_____
_____
_____

3. 在团队中，你最想与谁结成合作式学习小组？记录下你们学习中的趣事，以及每天的变化和原因。

_____
_____
_____

第五章

营造学习环境

员工有正确的学习心态,领导者和管理者奉行Y理论并且能让员工学习并促进他们学习,这些是成为高效学习型组织的必需因素,但是这些还不够。这些员工还需要一个能让他们学习且能促进他们学习的良好环境。良好的环境是高效学习型组织组成公式里的第二个因素,不仅仅指学习文化,而且这种学习文化必须有下层结构作支撑。这种下层结构包括特别的领导行为、人事政策和工作流程,以及能培养并促进良好的学习行为的评估和奖励制度。换句话说,你需要整套的**学习系统**。在解释学习型组织必要的行为准则时,彼得·圣吉说的很有道理:"没有一个系统的方向,就没有动机去考虑行为准则(要素)之间是如何相互关联的。"

我对于学习的系统方法专注于在组织各阶层——员工、管理者和领导者——都让学习行为成为可能并推动这种行为。比如，提问就是一种良好的学习行为。同样的，管理者花时间向员工解释为什么新流程是必需的——并且在实施这种转变时满足员工对自主、关系和胜任的需求——就是一种良好的学习行为，能让学习成为可能。一旦你阐明了那些能让个体学习成为可能并推动个体学习的行为，你就必须设计你的文化、领导模式、人事政策、评估和奖励制度，以便推动这些行为。

我研究了主要依赖有机增长策略而始终保持高绩效的上市公司和私企的特点，这个研究让我提出了推动成长行为的"成长系统"概念。我认为在尝试建立学习型组织时，相似的方法是必要的。学习的操作化需要一个能驱动学习者、管理者和领导者学习期望的环境。本章介绍教育方面和商业方面的研究，帮助我们进一步解释营造良好学习环境的一些关键因素。

良好的教育学习环境

几十年来，教育领域一直在研究良好的学习环境。近期，因为把社会和情感神经系统科学领域中过多的新研究纳入考虑范围，研究变得更加复杂了。这个领域的研究发现也经常直接用于工作场所，而工作场所正是决定如何营造学习环境的一个不错出发点。

目前人们一致认为良好的教育学习环境能够培养内在动机，能赋予学生一些对学习的自主性和掌控力。这种环境中有学习和创造力的优秀榜样，教学风格能满足学习者多样化的需求（即以学习者为中心）。在良好的教育环境中，学习的过程就像发现之旅一样，学习者在其中扮演主要的角色，并受鼓励去创新，与学习团体真正地建立社交关系。在这样的环境中，学习者既会得到积极的支持，也会面临积极的挑战。最好的学习环境是，学习者在其中既感觉他是社会中与众不同、独一无二的一员，又感觉他是社会中某个团体的一员，和团体成员建立有真正的关系。教育领域自2010年以来出版的其他备受推崇的著作也证实，良好的学习环境支持以学习者为中心的理念，重视掌握型学习和成长型心态（与表现型心态对应），有积极的情绪氛围，把学生看作单独的个体，能给学习者带来心理安全感。

显而易见，与良好的教育学习环境相关的著作跟我在前几章中讨论的关于学习心态、自我效能和自我决定理论这几方面的研究相吻合。现在有一些基本的共同主题为如何以最好的方式在工作场所创造良好的学习环境提供依据。第一，这必须是一个充满积极情绪的环境，能减少学习的障碍，如压力、害怕失败、消极情感和自我防卫。第二，这种环境应该鼓励掌握型学习和内在动机，要以学习者为中心（即以员工为中心），因为学习者（即员工）得到尊敬、自尊和信任就会在情感上投入学习。它应该鼓励探索发现、自我效能和实验的成长型心态。第三，这种环境不应该把错误当成个人的失败，而要把错误当成是学习策略不好或者努力不够的结果。只要员工能从错误或失败中学习，员工在非评估情况下犯了学习上的错误或者学习失败就不能受罚。管理者应该在学习行为方面树立榜样，允许员工自由发言和说实话。第四，这种环境应该满足德西和瑞安的"自我决定"模型中自主、胜任和关系三种基本需求。第五，领导者和管理者的行为要赢得员工的信任，让员工相信他们被当作独特的个体而受到尊敬，相信他们的管理者关心他们个人的成长和发展。

对学习十分重要的行为

基本行为	管理自我的行为
● 思想开放 ● 善解人意，谦虚 ● 接受模糊性、不确定性和新挑战 ● 恢复力强 ● 积极主动 ● 尊重他人 ● 诚实可靠 ● 知道自己不知道的东西	● 管理自己的恐惧和其他情绪 ● 管理自己的自我防卫系统 ● 元认知 ● 留心 ● 积极聆听 ● 对他人的身体语言、言语语调和音量敏感 ● 保持积极的情绪
探索性行为	学习流程行为
● 有好奇心 ● 愿意探索替代性选择 ● 愿意走出自己的舒适区	● 寻求反馈和对信念进行压力测试 ● 采用批判性思考流程 ● 参与批判性探讨和辩论 ● 剖析潜在的假设 ● 和他人积极合作，向他人积极学习

成为这种学习型组织并不意味着管理者和领导者必须在质量和责任方面采取软弱的态度。优秀的商业学习型组织以学习者为中心，对绩效和个人责任有很高的要求。从我自己的高管教育教学经历和

咨询经历来看，许多管理者和领导者发现从流程和财务指标方面考虑绩效和个人责任比较简单，但是要成为学习型组织，也有必要从行为方面考虑和评量绩效。上页表展示的是对学习十分重要的一些重要行为示例。

每个员工这方面的行为都应该接受**360度的评估**，并且尤其要得到情感上的回报。每位管理者和领导者也必须接受同样的评审，他们经济回报的很大一部分应该取决于这些行为。

学习与员工敬业度

上述所有的行为都会鼓励高度投入性学习。高度投入性学习已成为教育领域研究中收获颇丰的方面。有趣的是，促进高度投入性学习的特性和造就员工高敬业度的一些必要特性是相同的。这种深刻见解有助于阐明学习对高绩效有多么关键。接下来我们进一步探讨一下所有这一切是如何相关联的。

基于研究的盖洛普Q_{12}^R员工敬业度评估工具被成千上万家公司用来测量员工在组织中的敬业程度。有趣的是，虽然《伟大管理的12要素》是用来评估员工高敬业度的，但其中十二个因素里至少有十个跟促进高度投入性学习的因素本质上是一样的。下页表展示的就是这个现象。左侧一栏说明的是盖洛普Q_{12}^R评估的陈述，如果是肯定的回答，则反映的是高敬业度。右侧一栏中我相应地提供了基于研究的高度投入性学习的特性。

尽管盖洛普Q_{12}^R不能直接评估员工的学习，但是并列放在一起的信息表明，促进员工产生高敬业度的环境和促进高度投入性学习的环境十分相似。所以，看起来似乎促进员工高度情感投入的内在组织系统应该也能让高度投入性学习成为可能并促进这种学习。更重要的是，研究表明，员工的高敬业度加上学习，是商业中创造持续高绩效的主要因素。

员工敬业度与高度投入性学习之间的一致性

员工敬业度	高度投入性学习
我有机会做我最擅长的事	以学习者为中心、自主需求、胜任需求、自我效能
在过去的七天中，我因工作出色而得到认可或赞扬	积极的课堂环境、以学习者为中心
我的上级或同事关心我的个人情况	尊重个体、关系需求、以学习者为中心
同事鼓励我的发展	关系需求、体贴的老师对每个学生的成长感兴趣
在工作中，我的观点似乎挺重要	自主需求、尊重
公司的使命/目标让我觉得我的工作很重要	能满足归属感需求的有意义的团体
我的同事都致力于高质量的工作	同上
我在工作中有一个最要好的朋友	有意义的社会关系，关系需求
过去六个月中，有人给了我反馈	体贴的老师对每个学生的成长感兴趣
过去一年中，我得到了成长和发展的机会	发展和满足胜任需求的机会

过去三十年中，至少有八项深入的研究阐明了持续高绩效企业的特点。尽管八项研究都采用了不同的研究方法和术语，但是研究成果有大量的重叠部分，而且八项研究都发现持续高绩效的企业有以下特点：

1. 员工敬业度高；

2. 持之以恒地不断完善（学习）；

3. 谦虚热情的领导者充当管家的角色；

4. 强有力、有意义的文化，和文化契合的招聘惯例。

换言之，人们可以认为高绩效、员工高敬业度和高效学习之间有紧密的联系。这种联系在商业思维中少有人建立，所以值得我们审视这四个特点如何相互关联以及它们对建立学习型组织有什么启示，为这种联系提供更多的证据。查看八项研究中的四项研究得出的几个具体成果可以为我们提供深入的了解。

员工高敬业度和高绩效

斯坦福大学教授查尔斯·奥雷理三世（Charles O'Reilly III）和杰弗瑞·普费弗（Jeffrey Pfeffer）指出，高绩效公司用"自尊、信任和尊重"的态度对待他们的员工，用"组织的价值和文化"吸引他们。你的行为方式——你日常是怎样待人的——对高绩效和高效学习都很重要，应该编进管理者和领导者的行为规范中。

在他们调查过的公司中，团队合作是许多公司的另一个关键因素。根据奥雷理和杰弗瑞的研究，高绩效公司给他们的员工"一种社群意识、安全感以及互相信任和尊重感"。每一家公司都有一套非常清晰和广泛共享的价值体系,为管理工作提供了基础。每家公司在体现公司核心价值及与人事相关的工作中有高度的关联性和一致性。

在开发了员工潜藏价值的公司里,员工敬业度高,公司文化浓厚。他们雇用合适的员工,注重对员工的投资;有普遍的信息透明度;以团队为单位运营;除了经济回报,很大程度上依赖的是内在的回报;鼓励员工、领导者和全公司上下互相信任并相互负责。持续的改善和试错学习①是这一切的推动力。

吉姆·柯林斯发现长期持续保持高绩效的公司有以下特点:(1)目标不只是赚钱;(2)有信徒般执着和浓厚的文化,雇用契合公司文化的员工;(3)积极进行实验,从尝试和错误中学习;(4)不停追问自己如何才能改善自身从而让明天做得比今天好。最后一点得到了那些为对抗自满状态而直接创造"不满意机制"的公司的证明。

柯林斯称这些高绩效公司在"进化",因为他们信赖的是达尔文的生物学概念,比如适应性。这些公司尝试了许多事情,犯了错误,然后探索到了成功。他们成功的关键是下一些小赌注——而不是大赌注——去实验、学习和适应。谈到实验以及从尝试和错误中学习,波勒斯和柯林斯引用了强生公司R. W. 小约翰逊(R. W. Johnson)的话:"失败是我们最重要的产品。"

吉姆·柯林斯的《从优秀到卓越》提出了另外几项有意思的发

---

① 试错学习:通过必要的反复尝试练习,使学习中的正确反应逐渐增强,错误反应逐渐减弱,直至学习成功。

现，阐明了高效组织的特点。其中有几点和我们的讨论高度相关："第五级领导"；柯林斯称为"先人后事"的理念；直面"残酷的现实"。

第五级领导者定义为"把极度的个人谦虚和强烈的专业意志融合在一起"的人。回想一下，八项研究也发现谦虚热情的领导者是高绩效公司的一个关键因素。第五级领导者把自己的雄心和自我需求转移到组织上，用组织的成果来实现自我认同。他们想的不是这是"我"的事，而是这是"我们"的事。柯林斯说，"从优秀到卓越"的领导者经常被描述为"安静、谦虚、谦逊、寡言少语、害羞、亲切、温和、不出风头、低调"。

为什么第五级领导者对学习型组织而言很重要？我认为这一类领导者更可能思想开放，善于倾听，乐于合作，倾向于以Y理论而非X理论为导向，能更好地管理自我。所有这些品质都有助于他们在组织内推动学习，有助于他们在学习行为和领导力方面充当模范。

"先人后事"指的是管理者要让合适的员工上车，让不合适的员工下车。将合适的员工定义为由内在动机驱动而创造最好结果的员工，指出员工必须具有的另外一个重要品质是渴望成为建立伟大事业过程中的一分子。这个观点跟高绩效组织的目标不仅仅是赚钱这一研究发现相关。如果组织让学习成为有意义的使命的关键部分，那么想要成为伟大的、有目的的或有意义的事业的一分子就是一个额外的学习推动力。契合公司文化的严格的招聘惯例是关键。显而易见，这意味着要想成为一个伟大的学习型组织，为了实现招聘学习者（第四章已对此做了定义）的目标，要尽可能让招聘过程严格并且科学。在第九章你将会看到，桥水基金公司极其重视招聘，在招聘方面花了很大的心思。

"直面残酷的现实"，跟批判性探讨和理性决策的学习流程相关。领导者要"创造一种能听到真相和直面残酷现实的环境"——换句话说，在这样的环境中，允许员工"自由发表意见"而不受罚。但是自由发表意见只是等式的一半，管理者和领导者还必须思想开放，要真正地听取意见，不要受自我防卫系统的影响。直面残酷现实的发生有以下几种情况：领导者问问题而不是说答案；参与对话和辩论，而非实行高压统治；主张"事后检讨但不责怪"；建立能照亮残酷现实的机制。

现在你再次读到了允许自由发表意见和允许失败的文化，对组织和学习者学习以及直面残酷现实很必要的观点。埃米·埃德蒙森（Amy Edmondson）教授对工作组织中心理安全方面的研究非常重要，阐释了如何创造一种不让员工对批判性探讨、辩论以及根本原因分析法产生恐惧心理的环境。

我们在工作中产生的恐惧受我们长久以来等级权利观念的影响而加剧。我们小的时候，被教导不要向长辈开口说话除非他们先开口。同样的，我们被教导要尊重我们的长辈、父母和老师。尊重实际上意味着按照别人的要求做事。这种观念直接转移到了工作场所中。在工作场所人们害怕大胆发言是因为他们害怕惩罚。在工作环境中，害怕惩罚可能是害怕得到不好的绩效评估，也有可能是害怕被看作不令人愉快的团队合作者而在升职时被排除在外。害怕惩罚也可能是害怕上级的报复。换言之，在工作中害怕惩罚是担心自己的职业生涯或者报酬的来源或数量受到不利影响。

在以X理论领导力为特色的工作环境中，这种恐惧很可能是合理的。同样的，如果组织心态把错误归为失败而非学习的机会，那么人们就不可能自发地报告自己的错误，工作时也不太可能积极主动。

研究发现，在有等级的组织中，如果员工处于低层级，他们不会大胆发言，除非他们觉得自己有心理安全感，即他们处于一个"发言安全"的环境中。领导者和管理者必须言行一致以消除这种恐惧。公司文化、人事政策、评估和奖励制度都必须促进员工的心理安全。领导者必须邀请下属大胆发言并赞扬有勇气这么做的人，必须承认自己的失败、错误和无知来展示自己的谦逊，这样才能赢得下属的信任。

这就是领导者谦逊如此重要的原因。这和我们讨论的研究发现一致，接下来的IDEO设计公司和戈尔公司的故事也是证明。谦逊同样是后文中桥水基金公司、财捷集团和联合包裹服务公司故事中的关键部分。

学习型组织的试金石是接受那些违背既有方式的信息以及对错误和失败的容忍。"恐惧对鼓励学习几乎毫无帮助。"提倡通过实验法、美国陆军的事后回顾机制[1]、追求真相的批判性辩论、思想开放、真正听取不同的意见来进行学习。

高敬业度对持续的高绩效很关键。以下工作惯例能够提高员工

---

[1] 事后回顾机制：又称"行动后反思"机制，美国陆军将其定义为对一事件的专业性讨论，着重于体现标准，使参加者自行发现发生了什么、为何发生及如何保持优点，并改进缺点。

的敬业度：

- 享有股票所有权
- 内部晋升政策
- 谦虚、热情、管家式的领导
- 公平制定和实施的、透明的、稳定的人事政策
- 相互负责
- 贬抑地位、等级和精英主义

这一做法与"丰田生产体系"的许多因素是一致的。丰田生产体系直到近年来才生产出在世界上可靠性排名极高的汽车。丰田的模型是通过根本原因分析、团队问题解决和决策，借助高度投入的员工，成为追求不断完善的伟大学习型组织。在丰田公司，根本原因分析流程的重点是"5个为什么"而不是"5个谁"（即该责备谁），意思是一个问题在被完全分析之前要问5个"为什么"。丰田公司希望员工坦白他们的错误，让员工相信他们不会因为报告错误而受到惩罚。

在丰田体系中，管理者和领导者像老师和促进者一样服务员工，公司也贬抑区分地位的东西和精英待遇。我研究的许多公司也反对精英主义。例如，百思买集团（Best Buy）的首席执行官和他所有直接下属的办公室都是无窗的小办公室。百思买和联合包裹服务公司都不使用公司商务机。百思买、史赛克（stryker）、全球支付解决方案提供商TSYS和联合包裹服务公司都是仆人式领导的公司。蒂芙尼公司（Tiffany & Company）的总裁在被问到用一个什么词

描述蒂芙尼的文化时回答："'谦虚',这里只有一个明星,那就是蒂芙尼。"

总的来说,盖洛普研究和8项高绩效企业的研究提供的证据表明,让员工取得高绩效,需要管理者和领导者谦虚、热情、思想开放。为了鼓励员工学习,管理者和领导者必须用情绪上积极的方式让员工投入。他们必须通过公平的、可靠的、一致的和称职的行为来建立信任,必须证明他们关心员工的个人情况,坚定地对员工的成长和发展进行投资。

要建立促进成长的有效关系,下面几点是必要因素:相关各方之间非常坦诚;真正关心当事人;对客户要感同身受;学习者要专注当下并倾听;相互信任。你可以看出,学习者高度投入、员工高敬业度以及有效的以当事人为中心开展关系这三者的产生所需要的行为和态度都一样。

丽思卡尔顿酒店连锁(Ritz-Carlton Hotel chain)的创始人霍斯特·舒尔兹(Horst Schulze)非常理解这一点。他就是在鼓励员工采取这些行为的基础上成就了他的事业。我在埃默里大学戈伊祖塔商学院教学时,他经常旁听我的课堂。舒尔兹的口头禅是"我们是为淑女和绅士服务的淑女和绅士"。他给每位员工使用高达2000美元的单方许可权,员工可以把这笔钱花在任何一位顾客身上让顾客开心,这样他就给了员工自主性,向员工展示了他对员工的信任。在日常的小型私人会议中,员工聚集在一起重点学习核心价值。舒尔兹公司的人员流动率大大低于行业平均值,因为他给了员工自尊、意义和尊重，让每位员工在一流的企业中扮演重要的角色。

我有幸认识的另一位首席执行官也对他的企业和员工展示了同样的情感投入，他就是西南航空的创始人之一赫布·凯莱赫（Herb Kelleher）。可以说他创立了最成功的现代美国航空公司，而这是基于员工的高度敬业实现的。在位于达拉斯的办公室会面后，他带我参观办公楼，我看到了一些特别的事情。他称呼我们遇到的每一位员工用的是他们的名字，并且他们每个人都会拥抱他。是的，真的拥抱他。他们之间是真实的感情，他们深深地关爱对方、尊重对方。

这两位领导者是能够把他们的情感投入传递到整个公司的特别的人。

总而言之，研究和科学清晰地描绘了一个蓝图。良好的组织型学习环境是可以促进员工敬业度和积极情绪的环境。一个充满积极情绪的环境可以通过削弱巨大的学习障碍——恐惧、自我防卫系统、自满和自大——而对学习起鼓励作用。要削弱这些障碍，有两项关键的政策是必要的：绝对允许自由发言，有条件地允许犯错和失败（在可承受的经济风险范围之内）。以员工为中心的做法也是促进员工高敬业度、学习心态和动机的必需因素。还要有一种独特的领导：信奉Y理论的领导者——以员工为中心；思想开放、谦虚、可靠、积极和彬彬有礼；正直诚实，值得信赖，对学习充满激情。培养员工高敬业度和建立高效学习的环境，要以始终如一、自我强化的方式建立与合适的文化、组织结构、领导行为、人事政策、衡量方法和奖励相一致的内在体系。

实践案例：IDEO设计公司和戈尔公司

为了丰富对学习环境的探究，我们来看一看其他两家众所周知且备受好评的公司：IDEO设计公司和戈尔公司。这两家公司因其始终如一的高绩效表现和创新而受到称赞，我们会看到他们也把成功归因于员工的高度敬业和高效学习。

IDEO设计公司

IDEO设计公司是世界闻名的私营设计公司，在全球有十家分公司，近550名员工。公司成立于1991年，因为苹果公司设计第一款电脑鼠标而闻名。IDEO设计公司因其创新而为众人所知，这就表明它一定是一个伟大的学习型组织，因为创新要求发现和反复的实验（即学习）。

IDEO设计公司用一系列的方法创造文化和流程，让员工战胜对失败和没有安全感的恐惧，从而大胆创新。因为大胆创新需要员工探索许多选择方案，需要激烈的讨论并进行无数次的实验，所以IDEO设计公司的文化也鼓励员工思想开放，避免急切地做出判断。

IDEO设计公司相信失败是创新的一部分，每个人都必须学会面对失败，从失败中学习，然后再次尝试。只有真正地"拥抱"失败，每个人才可以获得恢复力。失败在IDEO设计公司被看作好事有另外一个重要原因：失败造就谦虚。谦虚能让人产生深切的同理心，而同理心对员工站在用户和顾客的立场上考虑问题来说十分必要。在IDEO设计公司，员工允许失败，因为失败可以造就创新并让个人得到学习。凯利兄弟把阿尔伯特·班杜拉的自我效能观点和卡罗尔·德韦克的成长型心态的概念融入了IDEO设计公司的做事方式中。

那么，IDEO设计公司的学习是如何实现的？在多元化成员组成的团队中实现。在"设计思考"流程中的每一个阶段进行团队合作是IDEO设计公司的一贯特点，但是团队不仅仅是工作中的团队，公司鼓励员工在工作中形成深厚的、有意义的友谊，因为相互关爱的关系是积极工作环境的一部分。积极的工作环境和积极的关系使创造成为可能。IDEO设计公司支持柯林斯的直面残酷现实的原则，也支持波勒斯和柯林斯的观点，相信实验和不断改善的反复学习是企业深层的适应性过程。

戈尔公司

比尔·戈尔（Bill Gore）还是杜邦公司的一名工程师的时候就不喜欢企业的游戏规则。1958年，他建立了一家非常成功的全球私营企业——戈尔公司。戈尔公司因创新而备受尊崇。今天，戈尔公司总收入超过三十亿美元，在全球三十个不同的地方有超过一万名员工。公司因防水透气性的戈尔特斯布料闻名，产品包罗万象，从高性能的布料和可植入医疗器械到工业制造组件和航空电子器件，应有尽有。戈尔是一家私营企业，由戈尔家族的成员和工龄至少为一年的员工(称为"合伙人")所有，这些人通过持股计划成为股东。创始人比尔·戈尔认为，让合伙人持股，分享公司回报的同时承担公司的风险非常重要。这也是联合包裹服务公司的一个特点，我们将在第十一章中探讨。

在创建公司的过程中，比尔和维芙·戈尔（Vieve Gore）在很大程度上受到两个人的著作的影响。一个人是X理论和Y理论管理思想的提出者道格拉斯·麦格雷戈，另一个人是人本主义心理学运动的创始人、心理学家亚伯拉罕·马斯洛。已故的戈尔先生不喜欢官僚主义和"老板"一词。他不赞成用传统的管理模型来发展公司。在戈尔公司，只有合伙人愿意跟随某个人，某个人才会成为领导。这是一种实际权力，因为这样的领导通过展示正确的判断、独特的知识和建立的信任能够影响他的跟随者。在公司里，级别、地位和头衔对员工的影响力极小。

在戈尔公司，如果某项决策对某些合伙人的工作有影响，那么这项决策由这些人合作做出。公司的领导模式是分散式领导。制造工厂的组织结构都很小，通常少于250名合伙人。如此一来，企业精神就不会被公司的官僚主义扼杀。保持小型的群组还能让员工真正了解彼此和面对面交谈。戈尔公司也使用邮件、语音邮件和电话会议这样的工具，但是戈尔公司知道，面对面的交流能推动合作、协作、高水平的合伙人参与度和团队合作。戈尔公司的合伙人乐意通过"面对面时间"在他们的关系中建立信任，即使这种"面对面时间"涉及国际交流也没有关系。

比尔·戈尔建立了一个以员工为中心的公司，因为他知道员工是最有价值的资源，只有员工或者通过员工才能做成事。戈尔公司的运营原则是每个员工和其他员工，和供应商，和社区的邻居，以及和顾客打交道时都应该做到公平。戈尔公司的文化鼓励合伙人挑战传统思维、不断尝试和直接公开发表不同的意见。在员工努力发展和成长的过程中，公司鼓励他们彼此互相帮助、互相支持和互相鼓励。向别人寻求帮助被视为积极的信号，而不是软弱的表现。失败被当成学习的机会而庆祝，并且被当作下一个项目的起始点。

戈尔的招聘流程很严格很耗时，因为候选人契合公司的文化是候选人成功的关键。公司寻求有内在动机的人员，而一旦他们被雇用，就鼓励他们真正地了解他们自己——了解他们的优势和需要进一步发展的地方。戈尔公司持续关注这些个体的优势，最小化他们的不足之处，并尝试引导他们承担能发挥他们优势的、和工作有关的义务。你会在桥水基金公司的故事中看到同样的原则。戈尔公司强调员工对他们自己的承诺和个人发展负责，从而满足个人对自主的基本需求。所有合伙人的绩效都由组员和同伴根据其对企业成功的贡献来评估。

戈尔公司承诺全力支持每一位合伙人对成长和发展的愿望。内部晋升的惯例为这个承诺提供支持。戈尔公司的每一位合伙人都有一个个人发展计划和赞助人。赞助人是导师或者教练，不是管理者。成为优秀的赞助人被视为一种贡献，尽管合伙人最终会为他们自己的承诺和发展负责。

我有幸通过采访在戈尔公司服务了三十五年的老员工理查德·G. 白金汉（Richard G. Buckingham）了解到戈尔公司的独特文化。理查德的个人故事透露出许多关于公司对合伙人发展的承诺。

理查德在1978年以钟点技工的身份加入戈尔公司。在他漫长的职业生涯中，他做出了很多职责不断增加的领导力承诺，其中包括成为全球团队的一分子，参加在美国、中国、德国和苏格兰的活动。理查德在工作中学到了很多，在戈尔公司的经济援助下，他获得了额外的正规教育。如今理查德负责一个包含三个研究室的分区，里面工作的合伙人有300多名。

理查德跟我解释，员工受鼓励去做尝试。公司教导每个人了解"吃水线原则"。正如理查德的解释："只要不冒那种可能沉船或者让自己沉没的风险，你就有很大的选择自由。"根据理查德所说，戈尔公司教导每个人在评估事情的时候问自己："如果我做了这件事，那么最坏的结果可能是什么？"理查德告诉我，戈尔公司文化的关键是，合伙人都知道，如果他们发现某种需求但尝试失败了，如果船不会沉的话，他们就应该针对需求去做一些事情。然而，如果看起来真的有风险，在采取行动前要和其他合伙人商议。

我曾让理查德用一个词或者两个词描述戈尔公司的精华。他给我的回答是"机遇"。他还告诉我，戈尔认为员工通过发展自身的能力可以得到更高层次的自由。因为发展了自身的能力，当机会降临的时候，他们已经做好了利用机会的准备。戈尔公司还相信，员工会用最高的敬业度和绩效回报这些机会。这种心照不宣的契约促使双方相互负责，相互信任。丰田公司和员工之间一向也有这种心照不宣的契约。在第十一章中你会看到联合包裹服务公司和它的40万员工之间也有同样心照不宣的契约。

我还让理查德解释戈尔公司如何对抗自满和傲慢,他快速答道:"培养强烈的好奇心!"

首先,员工高度敬业是必需的。其次,需要创建一套内在的学习体系。内在的学习体系应该一贯与组织的文化、结构、人事政策、领导行为、评估和奖励制度保持一致,从而达到:第一,使学习心态和学习行为成为可能,并推动学习心态和学习行为。第二,营造一种促进高水平情绪投入的积极学习环境,满足员工对自主、胜任、成长和发展以及关系的需求。当员工感受到了尊重、信任和关心并感觉他可以信任组织和领导时,这些需求就更有可能满足。信任的标志之一就是员工能够自由地发表意见而不会受到惩罚。另一个标志是有条件地允许员工在我们讨论过的限制内犯错。第三,这个体系能推动列表"对学习十分重要的行为"中列出的各项行为。第四,为促进学习和高水平的情绪投入,还需要一种特别的领导力。很显然,领导者和管理者对待员工的方式对于员工高度的敬业和高度投入性学习有多么重要。有良好的目的还不够,行为才是重要的。

我们接下来将话题转移到高效学习型组织公式的下一个因素——正确的流程,重点是支持良好的学习型谈话和合作的流程,以及讨论批判性思考流程和其他学习工具。

付诸行动

1. 你已经知道了自己的大部分行为关注哪些领域。你是否有兴趣排除障碍？你是否有兴趣让自己管理自己的行为，设计好学习流程？让我们设想你能做到。

_____
_____
_____

2. 你的学习追求将把你引向何方？哪些小问题正影响着你的能力发挥？你的目标是什么？你对于自己工作中的现状有何看法？请花几分钟写下来。

_____
_____
_____

3. 如果你不时在工作中遇到困难并在其中挣扎，尝试做下面的Q12测试题，评估一下自我管理以及投入性学习做得怎样。

  我知道对我的工作要求；
  我有做好我的工作所需要的材料和设备；
  在工作中，我每天都有机会做我最擅长做的事；
  在过去的七天里，我因工作出色而受到表扬；
  我觉得我的主管或同事关心我的个人情况；
  工作单位有人鼓励我的发展；

在工作中,我觉得我的意见受到重视;
公司的使命/目标让我觉得自己的工作重要;
我的同事能够致力于高质量的工作;
我在工作单位有一个最要好的朋友;
在过去的六个月内,工作单位有人和我谈及我的进步;
过去一年里,我在工作中有机会学习和成长。

_____

_____

_____

第六章

学习型谈话

在第四章，我们重点讨论的是高效学习型组织公式中的第一部分：合适的员工。第五章的重点是公式的第二部分：建立学习体系需要的良好环境。我们现在来看公式的第三部分——正确的流程，确切地说，讲的是正确的沟通流程。还会讲到如何进行学习型谈话和进行学习型谈话如此艰难的原因。

首先，我相信，之前你们很多人都认为自己是优秀的学习者和优秀的思考者，但读了书中的内容后，你很可能已经得出结论，你并不是自己所认为的那样一个优秀思考者，并且你是一个比自己所以为的还要感性的思考者或学习者。

学习需要我们改变心智模式，即我们关于世界和世界如何运行的观念。真正的学习要求我们处理与原有信息不一致的信息并从中获取意义。思想中的这一转变要求我们剖析我们的假设，分析我们的证据，研究其他选择，并对情况产生新看法。它也要求我们避免防卫、否认或者转移重要的新信息，并且要理解我们的情绪和自我防卫系统如何影响我们的思考。

在很多的学习情境中，单凭我们自己做到所有这些非常困难。我们的心智模式太稳固，自我防卫系统也特别强大。因此，要最佳实现学习、批判性思考和创造性思考，需要老师以及其他我们相信的人的帮助。在工作中，帮助我们的则是导师、管理者、领导者以及队友。在应对新情况、不确定性和模糊性的时候，这一点尤其适用。学习是一项团队运动，这就是有效的学习型谈话如此重要的原因。

进行学习型谈话跟进行"系统2"思考产生困难的原因是一样的。为什么？大多数时间我们是带着"系统1"型的目标在进行谈话，只是确认我们认为自己知道的东西，肯定我们的自我意象。跟自我防卫系统会破坏理性思考的能力一样，在谈话中我们害怕说错、没面子或失败的时候，自我防卫系统也会发挥作用来保护我们不受到这些伤害。然而，这类的谈话不会让你从中学到什么。我们把好的学习型谈话叫作"系统2型谈话"，这种谈话是更高水平的讨论或者称为"对话"的交谈。

系统2型谈话

"系统2型谈话"是刻意的、没有评判的、没有防卫的和开放的一种交流。它是真诚地与另一个人分享你自己，同时希望另一个人也会同样真诚地跟你分享他自己。要投入到这类谈话中,我们基本上必须认同我们的观念并非一成不变,或不可更改,并且我们要乐于接受观念的改变。在这一前提下,我们才会和他人一起认真考虑信息,评估那些支撑我们自己的假设、观念、见解和判断的潜在优势。

系统2型谈话的目标并不是确认我们所相信的事情,而是对我们相信的事情进行压力测试。系统2型谈话不是一场竞争,它是人们聚在一起来相互学习,争取获得最佳的客观结果。进入系统2学习型谈话,我们必须要有这样的心态:我们相信的每件事情都是有条件的,会在新信息的基础上发生改变。"对于我们认为自己知道的任何事情,如果我们能把它们当作假设,不断用新数据对它们进行测试,那么我们所有人都会过得更好。"

系统2型谈话要求人们互相信任、互相尊重、尊重流程,在心理上感觉安全。这几点对于创建学习系统的良好环境也是必要的,在前一章我们讨论过。当所有的这些要求都具备了,我们就可以在谈话中自我表露[①]。这一点至关重要,这也是在组织中建立有意义的关系如此重要的原因。建立了信任,自我表露、诚实和学习型谈话都会成为可能。

不仅仅是信任与尊重,第五章中讨论的关于学习型环境的所有概念几乎也都适用于系统2型谈话。如果我们感到受重视并且相信我们所在的工作场所,学习型谈话的质量就会更好。很多情况下,

---

[①] 自我表露:告诉另外一个人关于自己的信息,真诚地与他人分享自己个人的、私密的想法与感觉的过程。这一概念由人本主义心理学家西德尼·朱拉德于1958年提出。

学习型谈话要求我们错了的时候主动承认错误。做到这一点需要勇气，也需要相信不会受罚或者不会被他人从负面角度看待我们。如果我们想找机会克服我们的自我防卫系统和恐惧，那么允许自由发言和允许犯错就是必需的。以员工为中心、积极的工作环境和员工的高度敬业也是系统2型谈话成为可能的因素。

员工越早认识到"这不全是针对我的"这个道理，他们就越会做出促进系统2型谈话的行为，如暂不做评判，做积极的、反思式的倾听，考虑别人的看法。换句话说，在学习型组织中，同理心和谦逊会让队友更好地融入到谈话中。同理心和谦逊同样能消除一些影响学习型谈话有效性的主要因素，例如个人的自大和心智高傲。同样，贬抑地位和等级可以让人们更容易地开放、直接和真诚发言。这是戈尔公司故事中的一个因素，你也会在随后的桥水基金公司、财捷集团和联合包裹服务公司的故事中看到这一因素。

沟通失败

我出身卑微，在乔治亚西部的一个小镇里长大，和弟弟、父母住在一所仅有两个卧室一个卫生间的房子里。我妈妈来自马萨诸塞州，爸爸是德国人。我们的行为模式有差别。

从我刚记事时起，妈妈就告诉我，好成绩是走向世界的途径。父母带我去书店，买下我如饥似渴阅读的那些书，从而让我接近那个世界。书是带我走向那个"外面的大世界"的交通工具。后来，电视把那个大世界带入了我的视线。从那以后，我再也没有想过停滞不前,更渴望取得好成绩不断前进。

我在一个温暖、充满爱的环境中长大,但是情绪在那种环境不受欢迎,而且家人更喜欢不把事情说透。我们之间从来没有过真正的谈话。在我早年生活中,我对待谈话大多跟我对待思考一样——我思维敏捷,快人快语,反应速度很快。我是个寻求"确认和肯定"的机器。我以为自己是个好的倾听者,以为自己心态开放。但是我并不是。我轻易就做出判断,当谈话中对方还在讲述的时候,我一直在构想如何回应或者反击,并且我总是下意识地"知道"什么时机打断并回应最合适。

现在回想这些,我发现以前把谈话当成了打游击战——快言快语,说完就换话题。我是个自大的思考者和健谈者,但这一面隐藏在友好的、不自大的面具之下。这种双重人格的状态持续了很多年。我不知道怎样把反应系统放慢下来然后好好倾听。在我的工作环境中(法律与投资银行业),有尽最快速度创造最高质量工作的压力,思考和交谈的速度的确很重要。

我第一次真正坐上领导位置是在33岁的时候。我是一名极其高效的"老板",因为我的团队绩效异常的好,并且我在经济上和职业生涯方面都很关心他们。我认为学习型谈话是一种教育的方式——不是学习的方式。我全身心投入在工作上,很少有时间进行私人谈话(或者"闲聊",我是这么叫的)。我不去理解他们的想法——我只发表观点。这种风格我保持了八年——或者说保持了一辈子,一直到1988年。

那一年，在同一周内，我遭遇了人生中的第一次重大失败——三件事在同一周内发生。首先，我在一次生意中赔了很多钱。接着，更重要的是，我妻子告诉我，她要离开我一段时间，因为我不是那个她想嫁的人——我变成了一个工作狂，虽然我的人和她在一起，但心不在那儿。她说我在情感方面幼稚愚蠢，不会在情感上跟她交流，同时还不善于倾听。我只是发表了观点，但是我并没有把她当常人一样去理解她的想法，更没有和她分享真正的自己。最后，我入围了首席执行官职位竞选，与另一位候选人一决雌雄。负责寻找首席执行官人选的资深股东把我叫到他办公室对我说："理论上你是这个职位的最佳人选，但是我不打算推荐你，因为我觉得没有任何一个工作可以满足你，你动机太强，整个人都耗费在工作上了。"

非常短的时间内我遭受了三个打击。我做了在那种情况下每个人都会做的事情——寻求帮助，希望弄明白他们到底怎么了。是的，那就是真实的我，心智模式是很难改变的。

我找了一个人们大力推荐的极其擅长给主管提供专业咨询的人——第一批毕业于哥伦比亚大学医学院的女性之一。通过与她谈话，我发现我是一个不善于倾听的人，同时我还是一个自我管理很失败的人，并且我总是逃避带有情绪的对话。我没有去理解他人的想法，不能在情感上投入。我意识到问题并不在"他们"——而在我自己身上。

在她的帮助下，我学会了如何真正地倾听，如何延缓我的自动回应系统，如何察觉我的情绪并停留在"当下时刻"。我学会了如何在情感上更加平易近人。她帮助我理解为什么一路走来我变成了这样一个高效的、成功的机器但却失去了人性，也因此使我的生活发生了改变。她让我去探索如何既工作高效又保有人性。

我很高兴妻子在那之后很快就与我重归于好，并且我们最近刚庆祝了结婚33周年纪念日。她一定会告诉你我仍然还是件半成品，我同意她的说法，并且我会说我希望一直是一件半成品，一直不断提升自己。

在我的工作生活中，我成了一个关心员工和同事个人情况的Y理论领导者。我学会了真正地倾听他们，真正地倾听客户，学会做一个受信任且工作高效的顾问，而不仅仅是销售服务的人员。我越是真正地倾听，越是以常人身份与人们交流，我团队的财务业绩就越好。我越是理解他人的想法——而不是只发表观点——我在经济方面和情绪方面取得的成果就越积极。

换句话说，我在本书中谈到的很多东西（尽管我那时还不懂这些科学）都对我行之有效，而研究进一步证实了它也会对你行之有效。

当今的商业环境节奏要快很多。很多上市公司都变得效率很高，能挺过来的员工、管理者和领导者都被迫用更少的资源去更快地做更多的事情。增加产量的压力非常大，唯恐在下一次"重组"或者"改革"中被替代。（如今"协议终止"和"裁员"都有不好的含义，暗示着失败，所以企业解释时都试图编造事实。）

在这些环境中，企业增长最简单的方法就是让企业的效率和生产跟需要的购买量相匹配。这种策略模式对机器式的运营系统起作用，然而在这种环境下进行学习是很难的，因为学习并不是一个高效的过程。学习要求人们改变他们的思考内容和行动方式。这反过来要求"系统2"思考和"系统2型谈话"，并且这些都花费功夫，需要情感投入，需要企业运营系统这台机器慢下来。

尽管"系统2型谈话"可能并不高效，但并不是说进行这种谈话并将其制度化就没有什么最好的做法。接下来我们将探讨一些可以帮助增加"系统2型谈话"数量和质量的策略。

提问，而不要告知

埃德加·沙因（Edgar Schein）是麻省理工学院的一位教授，也是文化界的权威。他曾倡导把"谦虚提问"作为学习型谈话中一个必要的技能和过程。他强调学习型环境必须提供"心理安全"，这一点跟上一章讨论的是一样的。此外，他认为美国文化中"告知"比"提问"更为人们所看重。如果我的个人故事说明了这一点，那我必须赞同他的这个说法。

沙因认为，除非我们可以做到谦虚地提问，否则我们无法开始建立信任的关系。"告知"是假设另一个人不知道，是显现等级位置的行为，它实际上是在说："我比你知道得多，因此我比你更聪明更优秀。"而"提问"所表达的意思是："我关心你想的是什么，并且我已经准备好听你讲了。"

谦虚提问是一个发现的过程。它需要我们持开放心态，而且不能预设或者隐藏我们试图学习的内容。询问诱导性的问题或者处于敌对的状态不会产生追求学习的行为。如果你试图把某个人往你的答案方向诱导，追求学习的行为同样不会产生。相反，谦虚提问是"停在当下"，并且处于接收的模式中。它尽量做到没有偏见、不情绪化并且"无我"。它同样与信任有关。信任使我们认识到我们的人性，认识到我们都有缺点，都会犯错，认识到我们知道的远比自己以为知道的要少很多。大多数情况下，真实的学习要求我们改变自己的想法，谦虚提问则能帮助我们做到这点。

在大多数商业环境中，要做到谦虚提问很不容易。因为人们是通过把事情做好、成为优秀的实干家而获得升迁，那么获得升迁的人会认为，她的职责就是告诉人们应如何像她一样完成任务，因为显而易见，这是获得进步的途径。在大多数商业环境中，人们不敢提出富有建设性的异议。他们也不敢寻求帮助或承认自己对某事不了解。

处于领导职位的人中，有多少人时常向员工承认自己对某事不了解？谦虚提问需要这种真诚而谦逊的态度。沙因认为，当且仅当我们相信他人不会利用我们、为难我们，或者不会随后借用我们说过的话来反对我们，并且当且仅当我们相信他（她）会对我们说实话，我们才会投入到学习和高难度谈话之中。总而言之，我们必须相信，那个人不仅不会伤害我们，而且会考虑到我们的最大利益。

另一个用于进行艰难谈话的好框架出自于哈佛谈判计划[①]。这

[①] 哈佛谈判计划：一个研究性项目，于1981年启动于哈佛大学，致力于研究和传播能够化解矛盾的有效方法。同时，它也是哈佛法学院谈判项目的组成部分。

个框架将每次谈话视为三个独立的谈话：（1）在谈话中，双方就所发生的事情或他们所相信的事实提出各自的观点；（2）在谈话中，双方各自谈论对所发生之事的感受；（3）一次涉及隐私的私下谈话，在谈话中，双方各自了解在特定的结果中，自己究竟投资了多少认同或自我。第九章说明了桥水基金公司在每次学习型谈话中所使用的流程，指出了这些互动交流的多层性质。每次谈话的意图在一开始就被表明，而且，这个表明的意图有助于谈话基本法则的制定。同时，桥水基金公司还使用"达到同步"的方法来判定在学习型谈话中，人们是否在彼此交流，是否理解了他人的立场。桥水基金公司"彻底透明化"的企业文化意在展开开放、真诚、完全透明的谈话。

想要超越自我防卫系统从而实现真正的合作，必要的条件是意识到自己的感受、理解感受背后的东西并弄清楚自己在特定的观点或结果中所投资的自我形象或自我价值有多少。在第三章中谈论避免情绪劫持思考时，我们曾讨论过同样的观点。在第七章谈论凯根和拉海的感受背后的观念，以及在第九章谈论桥水基金公司命名为"超越自我"的学习流程时，我们会再次讨论这个观点。

高质量的工作关系：鼓励透明化和高敬业度

高质量的工作关系有助于构建使"系统2学习型谈话"成为可能的关系。在这个领域，密歇根大学罗斯商学院的简·达顿（Jane Dutton）教授已经做出了一些杰出的研究，集中探讨工作场所中个人恭敬地参与对话是如何产生的。

参与到他人的谈话之中需要我们在场。在场的意思是，我们必须在情绪上投入其中并保持投入的状态，不能因其他的思想或活动（如移动设备）而分心。这需要努力和耐心，因为我们每分钟在认知上可以处理多达600个字，而大多数人每分钟只能说100~150个字。换句话说，在倾听他人讲话时，我们会感到无聊。你是否曾经从头至尾听完他人的谈话，而在脑海中却努力敦促那个人说得更快点？我有过这种经历。如果我们想要继续参与到他人的谈话之中，克服这种认知疲倦是关键，尤其因为人们可以在潜意识里感受到他人的感觉和情绪。

不仅他人对我们说的话会触发我们的情绪系统，而且话语传递的情绪信息也会触发情绪系统。这些非言语的情绪信息就是"元信息"。这些"元信息"是通过说话人的肢体语言、语气、音量、音高和说话速度表现出来的，也通过我们可以感觉到的说话人的情感表现出来。人们情感的传播既是有意识的，也是潜意识的，而人们对"元信息"的接收也可以是有意识或潜意识的。我们的情绪像一个庞大的雷达系统在工作，轻而易举地扫描我们的环境并获取他人的情感。我们可以感知到他人是否真正在场，是否在情绪上投入到我们的谈话之中。

达顿教授引用了一些研究，表明证实在场的信息不只是通过言语而传递的。超过50%的信息通过肢体动作得到传递，38%的信息通过语调（如音量、音高）传递，只有7%的信息通过言语传递。因此，我们应积极地向他人发送信号，证明我们参与在谈话之中。要做到这一点，有三种方法：

1. 在谈话的适当时间，向说话人复述你认为他所说的意思，并询问你的理解是否正确；
2. 用自己的话总结他人所说的意思并求证；
3. 请求进一步的解释或更多细节。

显而易见，这种类型的积极参与需要面对面的互动。这就是戈尔公司以小型单位（通常为250人或更少）运营的原因，也是明确鼓励面对面谈话而非通过电子邮件或语音邮件谈话的原因。

高质量的谈话需要情感投入。真实诚恳、沉浸其中、感同身受、以非评判的态度认同他人的感受和处境是关键。这类积极的投入会受到哪些因素的抑制？恐惧、地位、等级和时间压力。我们了解到，戈尔公司对等级和地位的厌恶可追溯到其创始人对Y理论领导力和人本主义心理学的信仰。他们认为组织的目的在于通过与他人一起做有意义的工作，帮助人们克服自身的缺点。所谓工作关系的影响力，就是通过与他人真实相处，承认他人的独特之处，并且在相处中尊重彼此，而建立的关系的影响力。这些类型的工作关系满足了个人对关系的先天需求。

Room & Board家居公司的创始人约翰·加伯特（John Gabbert）就是在与员工、客户和供应商建立并维持高质量信任关系的基础上创建了一家非常成功的私营企业。这是一个通过信任、相互尊重及合作——即高质量的谈话——构建起来的关系型商业模式。

Room & Board家居公司总部位于明尼苏达州明尼阿波利斯市，

通过13家国内门店及网站，销售高质量、设计经典的家具。公司拥有800多名员工，营业收入超过3.75亿美元。超过90%的产品在美国国内由美国工匠和私营家族企业制造。

Room & Board家居公司运作关系型商业模式的做法是鼓励透明化和高敬业度，促进员工、客户和供应商之间相互尊重、相互信任。例如，员工每个月都会收到关于公司战略及财务结果的详细信息，所以每个人都知道自己为企业的利益做出了怎样的贡献。这种信息披露实际上表达的是"我们用这份信息表明我们相信你"，在所有员工中创造了一种相互负责的工作环境。Room & Board家居公司相信其员工能做到专业化并遵循基本的《指导原则》——不是指导规则。Room & Board家居公司没有员工手册，也不统计病假或事假。公司教导管理者在几个核心原则的基础上做评估。

同样，与供应商的年会内容包括双方财务业绩的完整信息披露，确保双方都得到了公平待遇。在这些年度回顾中，双方彼此做出承诺，即使市场发展放缓，Room & Board家居公司也会遵守其购买承诺，作为回报，家族制造商承诺中断其生产进度，调整适应和优先考虑Room & Board家居公司的定制订单。制造商可依据Room & Board家居公司的基础业务做年度计划，而Room & Board家居公司则可依靠制造商快速生产完成定制订单，一种互惠互利的关系便应运而生。

为了让员工拥有自己的个人生活，Room & Board家居公司鼓励所有员工每天只工作8小时。许多公司只是谈论工作与生活的平衡，但Room & Board家居公司将其付诸了实践，因为它相信，工作之外的良好关系有助于培养员工积极的工作态度，而这种态度会对他们的工作关系产生积极的影响。

在访问一些公司进行研究时，我通常会提前30分钟到，因为我发现，通过观察员工来上班时彼此的互动，我可以了解到许多关于公司文化的东西。我曾在Room & Board家居公司的总公司这样做过。上午8点到达时，我发现公司前门紧锁。我敲了敲门，一名保安人员走了过来，并邀请我进入公司。当我问及员工都在哪里时，他回答说："公司上午8点30分开始上班，在8点25分时员工才会忙忙碌碌地来公司。"他说得很对。在那天快结束的时候，我经历了同样的事情；那时我正在采访在总公司和配送中心工作的高级管理人员和员工，下午4点30分左右，我告诉东道主愿意和员工再多交谈几个小时。她回答说，所有员工都尽量在下午5点至5点30分离开。

在客户方面，Room & Board家居公司把客户的长远利益放在首要地位，致力于建立持续发展的信任关系。通过允许客户定制采购，并且以低于行业平均值的时间期限完成客户订单，他们实现了这种关系。Room & Board家居公司也避开了按提成向门店员工付酬的做法，客户购买额与员工工资是脱钩的，这使得门店员工成为客户值得信赖的顾问。同时，Room & Board家居公司重视员工的留任，因为它知道，想要拥有真正的长期客户关系，每家门店须有较低的员工流动率。如果客户每次光顾Room & Board家居公司时都是不同的员工为其服务，那么，建立值得信任的人际关系将会困难得多。

通过这些促进员工高敬业度的做法，Room & Board家居公司的员工任职时间很长，高于零售业平均水平。Room & Board家居公司的关系型商业模式驱动了其选择性聘用的做法。公司努力寻找接受Room & Board家居公司理念的人。这种理念认为，个人成长源于个人从当前角色所获得的更丰富的经验和更深厚的关系，而非源于攀登企业的晋升阶梯。它诚聘和留住能够发现自己工作意义的员工。Room & Board家居公司的《指导原则》中写道："找到毕生的事业，对公司而言是巨大的生产力，对公司成员自身而言是自我实现。这是一个绝妙的成功循环。"

有意义的信任关系：专注投入到谈话中

近年来，密歇根大学卡尔·维克（Karl Weick）教授专注于研究高可靠性组织中的个人如何理解他们所处的节奏飞快、不断变化的环境。对营救森林火灾、管制空中交通、在航空母舰甲板上降落飞机和操作核反应堆的员工进行了研究，重点关注如何减轻浅念和自动化行为的影响。换句话说，他专注研究的是出错会引起重大危害的情境中的"系统2"思考和"系统2型谈话"。

为什么在成功的组织中学习如此困难？为什么成功的员工学习如此困难？维克教授做出了这样巧妙的总结："实际上，成功会窄化感知，改变态度，滋长对特有经商方式的信心，孕育对当前能力和实践的自负，使领导者和他人无法忍受对立的观点。"

提倡领导者通过实践，例如允许自由发言，奖励汇报错误的行为，准时生产①、事后回顾，团队互相检查工作，把差点犯的错误当成学习的机会，创造出能够克服骄傲自大、自满自足的文化和流程。这项研究适用于现今的每一个企业，因为维克教授提倡的是，个人和组织必须不断地学习、理解和处理新信息，并对他们的心智模式进行压力测试。

如何做到专念？提倡用"系统2"的方法来处理感知，因为专念就是专注，是觉察在场的是什么以及你什么时候在场。

所以，大多数的学习需要人们在场，即：对把思考提高到"系统2"水平的需求敏感；对我们的情绪和自我敏感予以管理；在与他人谈话中要在场从而建立有意义的信任关系，使情感投入和学习成为可能。在场也意味着对不同之处和新奇事物保持警惕，并对不同观点保持开放的态度。

所有这一切让我回想起了在俄克拉荷马州与牧场主做生意时学到的一句话：当你看着某个人的眼睛，发现他就在"那里"，他们会说："他在家。"他们的意思是那个人在场，并且在情感上是投入的、真实的、敏感的。

也许，伍迪·艾伦是对的，他曾说过，到场占据人生80%的时间，真正地到场！

---

① 准时生产：又译实时生产系统，简称JIT系统。实质是保持物质流和信息流在生产中的同步，实现以恰当数量的物料，在恰当的时候进入恰当的地方，生产出恰当质量的产品。这种方法可以减少库存，缩短工时，降低成本，提高生产效率。

在"系统1"和"系统2"思考与谈话的讨论中,贯穿着三个一致的主题:

1. 我们往往高估了自己有多么擅长思考、理解他人和学习,高估自己知道的有多少。

2. 通常,我们没有深刻意识到我们的思考、对他人的理解、情绪、自我防卫系统、恐惧和我们传递的元信息。

3. 我们通常不是积极地在场(专注的),因为我们太多的事情都是自动化进行的。

从神经系统科学和积极心理学的近期研究中了解到,情绪在认知和谈话的每个阶段都具有强大的影响力。在大多数情况下,较高水平的"系统2"思考和谈话对学习的发生是必要的。要投入到这个水平的谈话之中,我们需要有意地、刻意地以及专注地努力。其实,与他人一起投入到"系统2型谈话"对"系统2"思考有协助作用。

为了使学习成为可能,我们必须建立一个信任的、人本主义的、积极的环境。这个环境必须促进:高度的情绪投入;互相负责;思想开放;允许自由发言;汇报错误并容忍;极度警惕自大、精英主义及自满;贬抑地位和等级。所有这些都能使"系统2"思考和"系统2型谈话"成为可能。如果想成为学习型组织的一员,你必须投入到有效的学习型谈话之中,因为正如我们所讨论的,学习是一项团队运动。

付诸行动

1. 选择一个你认为能构成挑战的人际关系，最好是你平时最不愿意交流的那个人。本周内，注意倾听并记下你与他交流时的对话。判断你的回答是好为人师还是自以为是。

_____
_____
_____

2. 选择你希望能够重新进行的谈话。与谁谈话？何时进行的交谈？谈话的主题是什么？为何你希望能重来一次？你能具体做些什么来改进自己在谈话中的倾听表现？

_____
_____
_____

3. 你的什么让别人信任你？你的什么让别人不信任你？如果你清楚而具体地表达了自己的想法和逻辑，那结果可能会有何不同？

_____
_____
_____

第七章

批判性思维工具

本章讲正确流程中的批判性思维工具，是高效学习型组织公式的最后一部分。学习是一个以新经验或新证据为基础，改进或完全改变我们心智模式的过程。批判性思维工具旨在帮助我们识别出心智模式的缺点，抵消诸如认知盲点、认知失调[①]、认知偏差和自我防卫等使改变心智模式变得困难的人类倾向。批判性思维工具，是非常有帮助的。

我不会认同任何信念的内容，只认同我处理信念的方式。我是一个批判性思考者，正因如此，我准备抛弃没有得到证据和理性思考支持的任何信念。我准备好了遵循证据和理性，无论它们将把我

[①] 认知失调：指一个人的态度和行为等的认知成分相互矛盾，从一个认知推断出另一个对立的认知时产生的不舒适感、不愉快的情绪。

引向何方。我的真实身份是一个批判性思考者、一个终身学习者，一个始终让信念更加理性而不断改善自我思维的人。

通过将自我意象和自我价值从信念中分离，我们应该就会更愿意对这些信念进行压力测试，而不是习惯性地为这些信念辩护。这就是说，真正的自我不会束缚于维持一个特定的观点、答案、看法或结论。相反，我们可以通过自己的思考方式和谈话方式来定义我们"本身"。把我们知道的一切定义为有条件的——在新证据基础上会改变——有助于把自我从信念中分离出来。成为一名优秀的批判性思考者，我们需要在思想上谦逊，对我们所未知事物的重要性予以合理的尊重。

在培养这种批判性思维和心态时，我发现三个简单而有用的问题：我真正知道的是什么？我不知道的是什么？我需要知道什么？

在组织学习中，运用好批判性思维工具或流程可以达到四个目的：（1）放缓条件反射式的习惯性思考方式，这样我们就可以适当地做出更多刻意而深刻的思考；（2）通过使我们对未确认的数据持更加开放的心态，增加我们注意到这些数据的可能性；（3）帮助揭秘信念背后的假设，对这些假设进行严格的检验；（4）帮助我们不断地从我们的决定和行动的结果中学习。

三种工具帮助人们在紧急情况下做决策

加里·克莱因博士开发出了三种工具，可以增加我们"看见"并处理新的或未确认的数据的可能性，克服认知盲点，缓解认知失调。克莱因是自然决策思考者社区的创始人之一，他研究思考的方法是研究专家在高倍速环境中如何做决策，因为在这些环境中，失误的决策会使诸如消防员和战士这样的人付出巨大的代价。三种工具分别是预认知决策模式、"事前验尸"法和洞察力流程。

预认知决策模式

克莱因的预认知决策模式（RPD）源于一个与行为经济学、传统判断和决策研究通用方法不同的决策研究方法。后者的价值在于它阐释了人们潜意识使用并且导致不适宜决策产生的许多直观推断和偏见。在决策速度至关重要的高倍速环境中，人们通常不会花时间去制定备选方案，然后权衡利弊或进行概率评估。相反，他们会快速地进行模式匹配。他们对该情境所产生的环境信号或条件进行处理，为他们认为正在发生的事情生成一个模式，然后将其与脑海中"存档"的模式相匹配，这是一个感知、处理、解释和模式匹配的过程。

处于高倍速情境中的决策者一旦在脑海里存档的模式中找到一个与当前情境相匹配的模式，一个基于先前经验和学习的行动方案就会自动产生。这种匹配过程通常只会产生一个答案——一种回应。很明显，一个人的先前经验越丰富，他脑海中存档的模式就会越微妙复杂，这就是专家的竞争优势。

接下来所发生的事情令人惊讶，也至关重要。这些专家不会集体讨论出一系列回应方案，也不会直接接受立即出现在脑海中的答案。相反，如果想要做出回应，他们就会停下来，进行有意的刻意的"系统2"思考,以模拟和设想其结果。他们在脑海中演绎如果做出那种回应后可能会发生的事情,在心中预演所提议的方案。接着,他们对"看到"的一切进行评估。如果方案可行,就实施。如果对方案有担忧,他们会设法修改方案来减少担忧,让最初方案适应当前情况。如果还是不满意,这时才会提出另一个方案。这是一种有效的过程。

这里有一个关于预认知决策模式如何起作用的例子。我们想象一下消防队长与队员对工业火灾是怎样反应的。到达火灾现场后,消防队长对火灾形势做出评估:建筑物里有没有人?有没有人受伤?着火面积和火势有多大?建筑物是由什么材料建造的?建筑物里面是什么?邻近的建筑是什么,里面有什么?在消防队长把火灾现场与"存档"在脑海中的模式进行匹配的时候,这些问题也在飞速地处理着。类似的火灾和随后的灭火方案也快速出现在脑海中。

接下来是关键的部分。消防队长并不立即做出指示和采取行动。相反,她花时间刻意去考虑如果用以前火灾的处理方案来处理这场火灾会有什么事情发生。她的做法是模拟和设想如果脑海中浮现的行动方案真的实施了会发生什么事情。她在脑海中预演或演绎行动将如何展开。在这个过程中,消防队长非常警觉是否有什么感觉不对的地方,一旦感觉有什么"不对劲",她会仔细考虑究竟哪里不对。是不是火灾中有什么突出的特殊情况需要加以考虑?接着,消防队长会做出决策,要么继续行动,要么快速修改行动方案,之后就会继续行动或者花几分钟时间再想一个更好的方案。

这种思维过程可以应用在日常的商业场合之中。我们每天都会快速做出许多决策，要么没有谨慎考虑备选方案，要么没有在脑海中预演所提议的行动方案。而其中有一些决策比其他决策更为重要。我们必须意识到我们快速做决策的倾向，在面对重要决策时，提醒自己放缓速度。在这些情况下，我认为，克莱因提出的预认知决策模式会有帮助。预认知决策模式流程的有效性告诉我们，我们必须识别出哪些日常决策需要我们停下来思考并在脑海中快速模拟别的方案。这样做也许会使我们注意到当前情况中有所不同的地方，即让我们产生担忧的地方。这就是关键所在。与我们脑海中所匹配的模式相比，当前现实模式是否具有什么意义上的不同？与此同时，我们需要对自己的感觉敏感，因为它们可以是我们潜意识中直觉知识的体现。这个可能的行动方案是否"感觉"正确？如果"是"，就去实施。如果"不完全是"，我们就需要关注什么感觉不对和为什么感觉不对。

预认知决策模式是个很不错的工具，每个人都可以使用，因为它适用于任何我们倾向于根据出现在脑海中的第一个方案采取行动的重要情境。预认知决策模式工具帮助我们放缓做出最初方案的速度，允许我们考虑在当前现实情境中这个方案将会如何展开。这可能会引导我们做出不同的，甚至更好的行动方案。

"事前验尸"法

在基于类似的先前经历而在脑海中创造模式的情境中，以及当环境要求我们立即采取行动时，预认知决策模式的作用很大。但是，当你开始做新事情时该怎么办呢？

在商业环境中，你可能会面临新方案、新流程、创新、战略制定、扩张，或者诸如科技或人事等任何功能单位中的重大变革。在这些情境中，你脑海中可能没有基于过往经历而存档的模式，因为你要么没有经历，要么经历不足而没有意义。然而，你却有关于自己公司的心智模式和你的行业中业务如何开展的心智模式。这些情境的风险在于，你可能会过于受到现有心智模式的束缚，导致你盲目地认为这些模式适用于新的情境，而不会对这些心智模式进行批判性思考的检验。"事前验尸"法，帮助对涉及新情境的决策进行压力测试。

"事前验尸"法应当用在对行动方案做出初步决策之后和采取行动之前。它要求参与其中的每个人假设所提议的行动方案已经实施但不幸失败了。这应该会让每个人都陷入不同的心境中，从一个新想法诞生的兴奋转为对失败原因的详细审查。哪里出错了？为什么会失败？你和团队的每个成员都应该单独列出这次失败的全部原因。这里的关键是，通过把自己置于真正的失败心态中，你应该能够想出在规划过程中没有考虑到的新的可能性。

"事前验尸"流程的下一步是整理大家所写的有关行动方案失败原因的清单，然后回到所提议的行动方案本身，评估一下对这些潜在的隐患是否做足了排除工作。你可能需要对行动方案做出修改以降低失败的风险，或者在某些情况下，风险可能过高或过多，需要重新制定一个计划。

"事前验尸"方法还有另外两个潜在的好处:"事前验尸"流程减轻过度自信;它减少了确定性,使我们的思想变得更加开放。同时,随着行动方案的实施,因为事先对引起失败的原因进行过真实的讨论和思考,所以更有可能注意到实施过程中失败的预警信号。这就是使用"事前验尸"方法的第三个好处,即让你准备好感知并准备好处理通常注意不到的未确认的信息。它并不是唯一使用这种方法的批判性思维工具;我在下章讨论的学习性启动法包括一个明确的步骤,要求团队陈述什么具体的证据会让人质疑或者否定假设或信念。在这两种情况下,我们都需要停下来,让自己置于不同的心态中。实际上,这样做让我们在心理上对可能忽视的重要提示保持警觉。

当我接触到克莱因的"事前验尸"方法时,我便产生了共鸣,因为在三门高管培训课程中,我曾教CXO管理高层用过类似的方法。我让这些高管为十年后一家主要商业报纸写两篇文章。一篇文章是关于X公司的故事,名为《持久成功的模式》。另一篇文章是关于X公司的另一个故事,名为《公司倒闭的悲伤故事》。

对高管来说,第一篇文章很容易,因为它反映的是高管是如何定义成功的。但是,第二篇文章才是练习的真正目的所在,它要求高管思考X公司倒闭的可能原因。在两门课程中,练习是富有成效的,促使了高管在自己公司里实施早期预警机制,帮助他们检测可能预示公司即将倒闭的信息。然而,在第三种情况下,高管团队认为他们公司刀枪不入不会倒闭;他们在第二篇文章的一个故事中写道,X公司的失败是因为政府的监管,而且,X公司所在行业甚至不受监管。显而易见，如果你完全不能对失败进行设想，这些练习就起不到帮助的作用。

这种讲故事的方法很像情景规划。情景规划的方法在商业中已经用了很久，在壳牌石油公司20世纪70年代初采用之后才广受欢迎。情景规划方法的目的是帮助团队创造合乎情理的未来状况，要求做规划的人员避免让自己当前的心智模式限制了对未来备选方案的考虑。情景规划会问：假使这发生了或出现了，将会怎样？会如何影响未来？正如上述例子所示，只有下层的团队推动流程的进行，情景规划才会发挥应有的良好作用。多元化、拥有不同观点的团队是否参与到这个过程之中？在挑战现有心智模式的过程中，团队是否得到授权、鼓励和保护？

洞察力流程

第三个流程为我们提供了另一种方式去发现或考虑我们一般不情愿看到的事情。这个重要的流程称为获取"洞察力"，并认为大多数洞察力来自于对信息的两种思考方式：（1）刻意寻找新方法整合事物（把点连接起来）；（2）注意不同之处（矛盾/异常/不一致之处）。

洞察力可能带来创新、新业务流程或新战略。要寻找洞察力，我们必须放缓思考速度并刻意搜索。这要求我们暂不做评判，保持开放心态。这个方法能潜在地减轻心智模式对思考的强大支配力。洞察思考能帮助我们用新的方式理解信息。通过询问自己以下问题，你就会发现洞察力：

1. 是否有任何与我所相信的相矛盾或不一致的信息？如果是，

可能意味着什么？

2. 是否有什么新的、不同寻常的或例外的东西我应当予以思考？这些信息可能意味着什么？

3. 我能否用不同的方式看待这些信息并想出一个不同的答案？

4. 如果我用不同的方式定义或建构我的问题，能否开发出新的备选方案，或者帮助我发现更多信息或创造出一个不同的点的组型？

5. 我有没有积极地列出什么信息是未确认的？有没有积极地寻找未确认的信息？如果没有，应当那样做吗？

6. 我的答案是否感觉正确且有意义？

寻找洞察力需要我们愿意考虑那些无意义的或者与我们相信或想要相信的不相符的信息。在第十章中，我们将探讨财捷集团的学习流程以及财捷集团如何从学习型实验中寻找令人惊讶的事物（洞察力）；这些令人惊奇的事物可能成为一种满足客户需求的全新方式的基础。

我们已谈论了恐惧如何抑制思考和学习，但在某些情况下，恐惧也可能是有益的。例如，害怕失去某些可以实质上改变或消极影响企业的事物，在我看来，这种害怕就是有益的，我称其为"建设性偏执"。最近，我与一个非常出色的高级管理团队交谈了6个小时。团队所在的公司是一家持续高绩效的上市公司。交谈的目的在于讨论如何通过对"我们不知道的事物"持偏执态度而克服自满自足、心智高傲。我的任务是帮助团队识别并阐明他们对业务和行业持有的定型心智模式。在讨论会结束后，董事长将我带到一边，一边感谢我一边说，他认为这一天我说过最重要的事情就是："把你认为自己知道的一切事情都当作假设，用新信息不断对它们进行检验"。

批判性思维工具的目的在于，帮助我们抑制成为懒惰思考者的自然倾向，因为作为懒惰的思考者，我们通常不会对我们的心智模式或对情境的习惯反应方式进行压力测试。此外，我们通常不会感知或处理那些质疑我们心智模式和信念的信息。我们通常都是自动运行的。克莱因工具帮助我们放缓了思考的速度，因为每种工具都让我们展开批判性思考。要遵循预认知决策模式框架，我们需要停下来，在脑海里模拟和设想所提议的行动方案，评估方案是否能符合当前的情境。"事前验尸"方法要求我们对可能引起失败的原因进行刻意考虑，并评估这些失败的原因如何影响我们所提议的行动方案。获取洞察力的方法有助于我们发现新观点。

接下来要讨论的是，可以帮助我们揭秘假设的工具。在检验信念和决策、改变心智模式和行为以及影响组织变革这些方面，揭秘假设都有很重要的作用。

揭秘假设工具用于检验信念和决策

检验批判性思维需要我们明确陈述我们的信念或观点。而下一步则更加困难——我们必须识别出那些我们用来证明这些信念或观点的潜在假设。要做到这一点，我们必须揭秘——识别并描述——这些基础假设。这个揭秘过程类似于做根本原因分析或者在企业经营或制造场合中使用丰田5问法。这种情形就是，你有一个制造缺陷，你想找出还有什么地方要维修以消除未来的缺陷，同时你一直在问"为什么"直到找出基本原因。碰巧的是，这个过程类似于在认知行为疗法和临床心理咨询中所使用的，帮助人们改变行为的基本方法。在这些情况中，当事人必须揭秘他们的感觉、情绪事件和那些他们想改变的行为背后的信念。

在组织背景下，当我们寻求对信念和试探性决策进行压力测试时，也需要采取同样的过程。这个过程需要我们：

1. 明确陈述我们的信念；
2. 揭秘潜藏在信念背后的假设；
3. 以这些假设为依据，确定我们应做出什么跳跃思维/推断；
4. 评估支持和否定这些假设的信息，对假设/推断进行压力测试；
5. 确定我们是否拥有足够的高质量信息来做处理，或者我们是否需要收集更多信息。

这种揭秘过程所要求的"有声思维"，有助于确保决策过程的透明性和刻意性。试想一下，如果在每次团队会议中讨论重要问题时，尤其是在做出或评估备选方案和决策时，会议领导者遵循这5步法，并把"有声思维"作为规范，它将会产生多么大的影响力。这是一个强有力的方法吗？是的。这个方法起作用吗？是的。在第九章，桥水基金公司部分你会看到一个非常类似的方法。

揭秘假设也是达顿商学院2007年开发的名为"学习性启动"工具的关键部分。"学习性启动"是一个用来检验新增长和创新理念的快速、低成本实验。基本上来说，学习性启动法就是商业测试或实验的一种科学方法,包含7个关键步骤:(1)提出一个商业构想,把它重新表述为一个假设;(2)揭秘构想背后的客户价值、执行层面、理论支持性和扩充性假设;(3)优先检验关键假设;(4)设计实验检验这些关键假设;(5)做实验;(6)评估实验结果;(7)决定接下来的步骤。

自问世以来,学习性启动法就演变成检验业务流程优化的方法。其前提是在客户或内部用户身上尽量快速而低成本地检验新构想背后的关键假设。在许多方面,这一方法类似于企业家使用精益创业法时的做法,与之不同的是,学习性启动法最开始不需要一个原型来评估客户需求。

学习性启动法要求我们站在客户的立场,深刻思考一个构想的哪方面必须成立才能成为一个好构想。要做到这一点,我们需要深入研究至基层,激发足够强大的客户需求以克服客户惯性,促使客户行为发生改变。

回答"这个假设哪方面成立才算成立"这个问题是第一步。第二步是继续发扬"丰田5问法"的风格,找出这个问题的答案,问我们自己哪方面必须成立这个答案才成立;一直继续这个过程,直到我们找出所有潜在的基本事实根据,这些事实根据必须成立,继而使我们关于新产品或新战略的假设真正成立。当然,考虑到决策的严肃性和重要性,我们也必须对我们的数据信息予以批判性思考,判定这些信息是否足够有价值能证明我们的假设。优秀的批判性思考者知道,所有的决策都是以一些不完整的信息为依据的,并且我们倾向于低估或忽视未确认的信息。

　　直到揭秘了关键的基本假设，你才能够评估那些支持或否定你信念的信息的深度。大多数管理者和领导者发现揭秘假设比他们想象的要难很多。然而，这是一个可以学习的技能，而且熟能生巧。通过使用思维工具和富有建设性的实时反馈，我们可以投入到刻意的实践之中，从而学会更好地思考。换句话说，揭秘假设是可以学习的，并且通过反反复复的实践，我们的思考会越来越好。

　　下面这个循序渐进式的问卷，对揭秘假设和检验潜藏信息很有帮助。

　　1. 需要检验的假设是什么？
　　2. 我们已经知道哪些事实可以证实这个假设？
　　3. 我们已经知道哪些事实可以对这个假设提出质疑？
　　4. 哪些具体的补充事实可以证实这个假设？
　　5. 哪些具体的补充事实可以否定这个假设？
　　6. 对于可以证实这个假设的每个具体补充事实：
　　　　有谁知道这些事实？
　　　　我们能在哪里找到这些事实？
　　　　我们需要多少不同的证实性的来源？
　　　　我们如何克服搜索中的验证性偏见[①]？
　　7. 对于可以否定假设或质疑假设的每个具体事实：

[①] 验证性偏见：是个人选择性地回忆、搜集有利细节，忽略不利或矛盾的信息，来支持自己已有想法的片面诠释。

有谁知道这些事实？

我们能在哪里找到这些事实？

我们需要多少不同的非实性的来源？

收集信息既是一门科学，也是一门艺术。它很像诉讼过程中的发现程序①。实际上，为培训年轻诉讼律师收集发现证词所编写的材料就是商业环境中如何设计和询问开放式发现问题的很好建议来源。开放式问题与诱导性问题不同，后者引导回答者回答你想从他或她那里得到的答案。这就是工作中的验证性偏见。你想要得到的答案应该是真相——只要事实，不管它们可能是什么样的事实。

为了进一步克服检验假设时的认知盲目和验证性偏见，数据信息发现的工作应当由小的团队而非单独一人完成，而且，找到所有人都满意的一个答案时，团队不应当停止质问。相反，他们应当用不同的方式提问同一问题，或者让回答者对他或她的答案予以阐述，继续探索。再次说明，关键是要得到真相，而不是你所期待的答案。

举个例子：假设你负责为橙子美味公司（Orange Delicious）研究新增长措施。你通过自己的网站和亚马逊网站（Amazon.com）向客户直接销售橙子。面对创造出新收入机会的任务，你认为销售鲜橙榨汁机也是不错的主意。

哪方面必须合理才能让你的创意获得成功？关于客户需求，你做出了哪些假设？关于执行这个想法的能力，你做出了哪些假设？

---

① 发现程序：民事诉讼中赋予双方当事人在审前阶段于法庭外向对方当事人收集调查证据和相关信息的权力之程序制度。

关于如何抵御竞争对手，你做出了哪些假设？

下面是一些假设的可能性。你的第一个假设是，许多客户买你的鲜橙不仅仅是为了剥皮吃，而且还为了榨汁喝。你的第二个假设是，这些客户发现他们使用的榨汁方法或产品不能满足其需求，需要一个不同的榨汁产品。你的第三个假设是，满足客户需求且价格符合客户支付意愿的好的解决方案还不存在。你的第四个假设可能是，通过销售榨汁机，你可能会吸引到从其他渠道购买鲜橙的新客户。

在假设现有客户需求时，你做出了哪些执行假设？第一，你是假设可以以满足客户需求的价格制造并销售榨汁机吗？第二，你是假设客户愿意从你这里而非其他供应商那里购买吗？为什么？第三，你是假设自己有能力直接或间接制造榨汁机，并以足够低廉的价格创收利润吗？第四，你是假设已有的竞争对手不会做出激烈的回应吗？

假设构成我们心智模式、自我防卫系统和行为的基础。但人们即使下定决心做改变，行为的改变还是特别艰难。即使人们想要改变，他们采取的行为方式却是会挫败或阻止改变的方式。这是因为大多数人都有很强的冲突性承诺[①]，这种承诺他们通常意识不到，但会压制改变的动力。在凯根和拉海看来，想要克服这种冲突性承诺，人们首先要发现它。接着，他们必须找到导致这种起阻止作用

---

① 冲突性承诺：一方面，我们是真的想改变，但另一方面，我们又没有改变的意欲，这一现象被称为"冲突性承诺"。

的承诺的根本原因,即凯根和拉海所说的"重大假设"。

通常,重大假设包含较早出现在我们生活中的恐惧或自我防卫。这个重大假设的发现通常要他人帮助,比如顾问或值得信赖的朋友。在这里,我们再次看到这种揭秘方法的力量。在跨学科(企业经营、决策、心理学、行为变化和教育学)研究中,我发现了件有趣的事情,即人类行为受限于个人的心智模式和自我防卫系统。要改变行为,人们必须改变他们的心智模式。只有我们揭秘了信仰背后的假设并使其接受理性的检验,我们才会改变我们的心智模式。

非理性情绪的背后是非理性信念,抑制非理性情绪的强度和影响力的方法是挑战非理性信念。要做到这一点,必须先揭秘感觉,然后揭秘感觉背后的非理性信念。用理性思考非理性的信念,直到找出非理性信念为什么不理性的原因。未来经历同样的感觉时,你应该就能恢复理性思考。同样,这是一个揭秘过程或根本原因分析。

美国陆军的"事后回顾"机制

以上我们所了解的工具可以产生以下作用:(1)帮助我们放缓反射式的思考方式并更刻意地思考;(2)克服认知盲目,帮助我们发现未确认的信息或新信息;(3)揭秘我们信念和自我防卫系统背后的假设,批判性地评估我们的思考,减少学习抑制因素。而第四种亦即最后一种类型的工具是帮助我们从行动和经历中学习的工具。这种工具就是美国陆军的"事后回顾"机制(AAR)。

"事后回顾"机制是在采取行动之后团队成员之间进行的谈话。

会议规定谈话的目的是从行动中学习，不是挑毛病或进行指责，团队在会议领导者的引导下进行发现式谈话。"事后回顾"中常问的问题有：发生了什么？为什么发生？哪些起了作用？哪些没起作用？没起作用的原因是什么？下一次我们应当在哪些方面做调整？会议的目标就是尽量实事求是，让每个人都参与到讨论之中，无论他们的等级地位如何。美国陆军建议人们应当坐成U型，如果有等级高于团队领导者的高管出席，他们应坐在会议室的后排。在忽视等级的情况下，每个人都有望贡献一己之力并可以自由发言。

这个方法是有效的，但正如到目前为止我们所了解的大部分工具那样，"事后回顾"的成功依赖于人们有正确的态度和行为并且信任彼此，信任这个方法。要使这个方法行之有效，就需要面对残酷的现实，就是说要讨论失败的原因，而这可能引起极其严重的后果。此时，同感、同情和情感上的支持成为关键所在，因为在队友面前承认错误是需要勇气的。"事后回顾"的目的在于从中学习从而让团队不断进步。而团队的进步取决于学习型谈话的质量，所以我们在第六章讨论的关于学习型谈话的所有观点在这里都适用。

"事后回顾"有作用吗？基于我在投资银行业和战略咨询中采取"事后回顾"做法的经验，这个问题的答案是肯定的。每次与委托人或目标客户开会后，我和我的团队在忙完合同之后都会停下来进行一次15~20分钟的"事后回顾"。我会问这些问题：会议上发生了什么？真正讨论的是什么？什么事情令你吃惊？我们是否完成了目标？哪些方面我们本来能做得更好？有些日子，我们开完会就进行"事后回顾"的次数达到一天3~4次,因为那时我们脑海里的记忆还很清晰。对年轻的队员来说,这也是一个极好的教学工具。我认为每个组织都需要把"事后回顾"机制作为标准的学习流程。

主题小结

我们已经了解到,认知感知系统和处理系统的作用是确认我们的信念和肯定我们的自我意象。我们的自我防卫系统的作用是保护我们的自我意象,保护我们免受恐惧事物的影响。这些相同的恐惧事物潜藏在限制我们学习和改变行为的能力的重大假设背后。不揭秘并发现这些潜藏的抑制性假设,我们的学习就会受限。

在工作环境中,我们会把思考和学习放在次要地位,除非有能让我们进行批判性思考的环境。并且这也只发生在人们感到安全并相信公开透露的信息不会被他人利用来伤害他们的工作环境中。兜了一个圈子,我们又回到了第五章中详细讨论的促使个人学习和高绩效组织学习的组织环境和领导行为这一点上。

我们已经知道,成为有效的学习型组织需要员工的高质量学习。这种高质量的学习需要高质量的批判性思考和高质量的学习型谈话,而这又需要一个充满信任和可靠性、有自由发言的自由以及有成为"凡人"并揭露自身缺点的自由的环境。我们克服人类的思考缺陷和学习缺陷,是通过直面外部世界残酷的现实和内心世界残酷的现实做到的，即那些抑制我们学习和成长的恐惧事物。桥水基金公司实施了这些流程，不仅使批判性思考成为可能并且促进了批判性思考，而且还对抗了抑制个人学习和成长的自我防卫系统。这就是为什么在第九章中，桥水基金公司的故事如此重要的原因。

批判性思维工具对学习尤为重要，特别是在以变化为特征的商业环境中。对个人和组织来说，做出改变是不易的。本书的目的就在于帮助促进个人和组织的学习，从而促进适应性改变。在就批判性思维工具做研究时，我用的一个研究方法就是美国陆军的学习型研究。我就是这样发现加里·克莱因的成果的。他的真实世界研究方法和研究发现引起了我的共鸣。我联系了克莱因，并对他进行了访谈。

付诸行动

1. 当你拒绝某个主意时,是什么因素让你做出这个决定?让你做出决定的是那个主意本身,还是提出的人,或者是提出的方式?

   _____
   _____
   _____

2. 你最想深思或践行的三个关键词是什么?

   _____
   _____
   _____

3. 你在生活中是否发现有些人总是激怒你、让你发狂?他们是谁?他们做了什么事让你如此愤怒?回头看这些激怒你的事,它们是什么性质的问题?能力问题?个人思维方式问题?确定一下,哪些你能直接控制,哪些你能改进,哪些是你无法控制的。

   _____
   _____
   _____

第八章

适应性决策模式
——对加里·克莱因博士的访谈

加里·克莱因是宏观认知有限责任公司（MacroCognition LLC）的高级科学家，同时是一名有着40多年专业经验的心理研究学家，致力于研究人们在自然状态下如何做决策。他的研究大部分都在高倍速环境中进行，研究对象都是高可靠性职业者，尤其是美军。加里是自然决策领域的创始人之一，他的著作《洞察力的秘密》是一本非常值得阅读的书，被亚马逊网站的编辑评为2013年十大商业书籍之一。

我对加里的采访很有趣，采访中充满了学习的机会。首先，他数十年的研究经验不仅与批判性思考有关，而且与我们整本书讨论的许多主题有关。他在采访过程中提出的很多重要观点都涉及：固定心态如何限制学习；情绪对做出良好决策的重要性；组织环境在本质上是如何抑制学习的；在组织中"允许自由发言"面临的挑战及好奇心和开放心态的重要性。而这些只是接下来采访内容的很小一部分。

加里还分享了一些关于温斯顿·丘吉尔（Winston Churchill）、因特尔公司和以色列国防部的有趣故事。此外他讲了两个自己的故事，分别是关于在做重大商业决策时情绪所发挥的作用，以及如何邀请团队成员投入到真诚而开放的学习型谈话中。最后，他讨论了自己与丹尼尔·卡内曼在验证性偏见方面的分歧。你会发现，整个过程中他也不是完全赞同我的观点。

爱德华：加里博士，感谢您在百忙中抽出时间和精力接受为本书安排的采访。我发现您的著作《街灯与暗影：寻找适应性决策的关键》这本书的书名很有趣。你所说的适应性决策是指什么？

加　里：现在很多人在教怎么做决策，好像你可以预先确定选择似的。一旦你可以预先确定选择和评价标准，那做决策就是一个很简单的过程了。但在我研究的情况中，你真的找不到适用于所有选择的评价维度。并且，在进行这个过程中，你会慢慢发现选择还有其他的评价标准和变体。因此，我们可以预先设定好模型的观点就落空了，因为随着你不断发现，标准和选择也在不断演变。这就是适应性的意思。

爱德华：所以，您讨论的决策是处于变化环境或模糊环境中的决策，做决策时您实际上不知道事实是怎样的。您是这个意思吗？

加　里：是的。这个等式中包括两个方面：第一，环境可能是模糊的；第二，环境是动态的，因此在不断变化。而第三个因素可能是你在这个过程中获得的发现。

爱德华：我喜欢您在处理此类环境时提出的预认知决策模式。您可否解释一下为什么这种模式就是适应性决策模式？

加　里：它之所以是一种适应性决策模式，原因在于它描述了人们如何处理时间、压力和不确定性，描述了人们面对环境中的新发现或变化如何快速反应。研究显示，决策模型的建立大概需要30分钟。对于我们所研究的大多数人来说，并没有花那么长时间进行决策，这就起不到什么作用。因此，它们就没有适应性。适应性决策模式的识别策略展示的是人们通过快速改变审时度势的方法和被激活的模式而真正做到适应。所以，随着不断理清模糊性并理解变化了的情况如何给他们提出了新要求，他们就会重新适应当下环境。

爱德华：我觉得，要做到这一点，人们必须对他们的环境保持敏感，并且能够处理这种信息，即使这种信息不同于他们所认为的或所期望的信息。换句话说，他们没有固定心态，或者他们不想让处理过程受心智模式的抑制。他们对新信息、不同的信息或矛盾的信息敏感而警惕。这个模式基本上描述的是处于这种类型环境中的人们如何做出更好的决策。

加　　里：我同意你说的大部分内容。对我来说，真正的问题不在于是否有一个心智模式，而在于心智模式是不是固定的。所以对我而言，这才是你刚才说的要点——固守最初的想法，还自欺欺人（罔顾与事实有关的信息来迎合自己的想法），这些人没有能力处理动态的环境。还有你谈到的要对动态环境保持真正的开放心态，这样就能快速适应环境。

爱德华：我想进一步展开讨论那个开放心态的话题。我在商界里的工作并不像您所研究的那样充满变数。您的许多研究都完成于危险的或生死攸关的环境里。然而，现在商界变化的速度更快，信息数量与日俱增，人们做决策的速度也不得不更快。因此，思想开放的观念十分关键。从您的全部工作来看，您是如何训练人们做到思想开放的？

加　　里：如果我们能找到这个问题的答案，那我们两人就会非常富有了。我认为，如此困难的部分原因与训练之外的个体差异有关。有些人思想开放，愿意接受新经历，发现异常现象时，他们会非常好奇。而有些人因为他们有决心而获得升迁。你可以依靠他们，因为一旦做出承诺，他们就会信守承诺。这些人正好与那些思想开放的人以及接受环境变化的人相反。所以说，部分原因与个体差异有关。

另外部分原因源于上述原因带来的一种压力。保持言行一致不改变主意会不会有压力？如果做了改变会不会遭受谴责？或者，人们是否会理解重新审视环境的重要性？我最近在读丘吉尔传，发现丘吉尔是个固执己见的人。他强烈坚持自己的观点，总设法以自己的方式将观点付诸实施。但是，他拥有足够的专业知识，能意识到新情况所带来的影响。因此我认为，训练的目的在于让人们建立更加丰富的心智模式，这样他们就会发现新信息所带来的影响和细微差别，而不是会抛弃这些预警信号。

爱德华：是不是右脑思考的人基本上比左脑思考的人更加善于适应？这个假设是否得到了验证？

加　里：我不清楚这个假设有没有得到验证。我看到过很多人做分析的情景，他们太专注于分析过程和分析结果，结果对环境就不再敏感。也有这样一些人，他们严重依赖于模式匹配——他们可能受缚于得到激活的最初模式，或者乐于接受新信号出现时得到激活的新模式。我发现两种说法都有道理。所以我不确定，不清楚那是不是束缚他们的维度。我认为，人们不情愿改变主意或公开改变主意，是因为他们需要做到始终如一并表现出一致性，而有些人则对经历持开放心态。我认为，训练之外存在着个体差异——这里所指的是对经历所持的开放心态。其次，有些人需要考虑影响，而其他一些人一旦做了决策，就认为万事大吉了，不想做任何进一步的探索。

爱德华：现在，我们来讨论一下商界。我们之前讨论过依赖99%无缺陷的可靠性、可预测性及标准化而经营卓越的组织所面临的困难。在这种类型的环境中，人们改变主意并承认自己的错误会是很容易的事情吗？美国军队是如何创造出这种相对于商界的环境的？您有什么经验？是不是军队里允许自由发言的做法给了人们改变主意或表达质疑的许可？

加　里：按你所说，那是军队训练出来的，我要反驳这个前提。我并没有在军队中发现这种情况。你知道，即使我们说你得到了自由发言的允许，如果我是一名年轻的军官，我可能第一次相信，但是一旦我因为说出心里话而碰壁，我就会明白在军事环境中，我必须非常小心谨慎，因为在这个环境中，人们得到了自由发言的允许，但他们实际上并不会那样做。而给予他们这种许可的人认为他们的话算数。让我给你举一个我们公司的例子。

我经营公司已经27年了,我们过去常常对加入公司的新员工说,你是公司的巨大资源,因为你可以从新的角度看待我们所做的一切。因此,我们希望你说出你的反馈,因为这能帮助我们避免我们自身造成的盲点。你没有这些盲点。我们是这样说的,我们也说话算数。接着在会议上,我观察刚刚加入公司的某个人,当我们正在讨论时,那位新员工就开始畅所欲言。包括我在内的高级管理层会认为:"等一下,你现在不能讲,因为你不知道这里的情况。"因此,我们心里会产生一种不耐烦的感觉,即使我们允许他们自由发言,并相信我们会说到做到。而在军队中这种方法是这样起作用的:一名年轻的上尉是一位高级指挥官的搭档,你会看到,一名两星将军发现了一位他认为挺有见识的上尉,他们将在这二者之间挑一位给他一个附加的工作安排,将军会提问让他们做坦率的回答,这样就避开了整个指挥系统。因为在指挥系统中,你会发现有人并不想听到某些观点。因此,军队谈论这个安排时把它当作一台定向望远镜,你会建立私人关系,并且年轻军官觉得与上级军官建立关系很荣幸,他会相信这名上级军官,这样才不会辜负信任。而且,有一名三星将军告诉我说:"是的,这就是我喜欢与下级军官一起工作的方式。而处于二者之间的中级军官，就是陆军上校和一星将军，会抱怨说这架空了他们的权力。而我（三星将军）只会对他们说：'慢慢适应吧。这就是我的工作方式。'"

爱德华：非常有趣。您知道，我刚刚在思考思想开放这个概念。某种程度上它跟您在专念和意义构建方面的著作有关，也跟在不必要的压力状态或担心决策失误的压力状态下做决策的能力有关。哦，我是不是根本就在异想天开？是不是在寻找一个根本不存在的乌托邦？

加　里：我认为这并不完全是乌托邦，也并不完全是幻想。我认为存在这样的组织，人们学会了彼此信任并知道坦率发言不会受罚。虽然这不经常发生，但我想这种情况是有可能的，而且可以作为一个理念存在。如果你没有这个理念，我认为，权宜之计就是使用这种类型的定向望远镜，这样你就不会束缚于官方观点，处于底层的人们可能已经对某些事情做出预警，但由于这些警告受到压制，不能传达给你。因为指挥系统只需做出一次抑制，这些警告突然间就会消失。因此，还有其他的做法，或者还有其他打造更加开放环境的方式。我觉得，无论是哪种方式，你都会得到想要的东西。我宁可坚持类似半乌托邦的观点，即你让组织中的所有人都知道，他们可以说出自己的观点。但是到达这种境界是艰难的。

爱德华：我们回过头来谈谈心智模式吧。在您的研究中，我发现了一些关于心智模式的有趣观点。我可能说得不太正确，所以希望您能予以纠正。您知道，关于心智模式的消极方面有很多说法，而您却提出观点说心智模式也有积极意义。那么，个人如何知道他（她）的心智模式或心智情况是什么呢？再者，我如何知道我的心智模式什么时候正常工作、什么时候把信息阻止在外让我思想僵化封闭呢？人们如何掌控这个过程？

加　里：在我看来，这是可能的，但它真的很难，因此，这里有两个问题。第一，你如何知道自己的心智模式？这个问题的答案很简单。你不知道。正是这样才允许你做出快速的反应，因为你并不会咨询你的心智模式。你在使用它，它支配你能看到什么事物，支配你对事物的思考，所以它真的是一种隐性知识。你接触不到它，所以这让它变得很危险，因为如果你的心智模式有缺陷，你不会知道有缺陷，你会受到它们的束缚。举个例子，你知道经典的"9点阵"问题，在研究环境中，让人们连续划四条直线把排成3×3矩阵的九个点连起来。

我们来把"9点阵"问题当作发现隐性知识的话题来说吧。人们苦苦挣扎想不出怎么连起来，因为他们受限于他们的心智模式。心智模式包括假设，这些假设就像我必须待在"9点阵"这个框架内。这是错误的，因为官方使用说明里从没有这个框架。另一个假设是，我只能在点上改变线的方向，这也是错误的。但人们不知道他们在做这些假设。因此，如果你让人们检查自己的心智模式，他们甚至不知道自己在做这些假设。如果你让他们列出全部假设，他们会不知所措，因为他们没有意识到这些就是假设。人们是不能检查他们自己的假设的。

所以第二个问题是，我们是注定如此还是有什么解决办法？显而易见，我们知道我们不会注定如此，因为我们都做得相当出色。所以，在心智模式停止工作的时候，一些动作较快的人，开始四处寻找原因，试着检查哪里出错了，因此，失败，痛苦的失败可以让人们变得思想开放，重新检查他们的心智模式。对那些思维不是很僵化的人来说，问题的早期迹象正是他们观察审视的机会，而不是说："我将要面临双重打击了。"他们开始重新检查——我们不应当在此挣扎，问题的原因可能是什么？可能是你的表现不如你期望的那样成功。如果你工作于组织中的一个团队，情况可能是优秀的团队成员各执己见。与其设法压制异议以保持和谐的局面，还不如说："噢，仁者见仁，智者见智啊。让我来了解一下异议到底是什么，因为这有助于我重新检查我自己的心智模式和我们一直使用的心智模式。"所以，你可以寻找困惑、异议和争议之处。它们可以创造重新检查心智模式的机会。

爱德华：那就是说异议可以是有益的。它是一个早期预警信号。它也让我明白："好的，我必须乐意接受异议，并制定相关交战原则——我们争论正确答案是什么，而不是谁对谁错。"我认为，人们必须从根本上把他们的自我防卫系统隐藏起来，开放地参与其中。

加　里：是的，因而有很多方面的问题。我不确定能找到所有方面，但我会找到其中几个方面。首先，"交战原则"是一个很好的说法。你可以陈述交战原则，也许这就是出发点。但是，你必须遵从这些交战原则，这样人们才会觉得心里舒服。其中一套交战原则可以是，我们希望你说出心里话。如果我负责主持会议，我接着会说，这并不意味着我会接受你的想法。我只是保证我会倾听你的想法。但在会议将要结束的时候，我会宣布我们行动的方向。而且我希望每个人都能同意，如果你不同意，那就太糟糕了。我需要你同意，这样我们就可以齐心协力了。但是我不希望你抹杀掉自己的异议，因为你可能对我犯错的早期迹象保持警惕。因此，我不是让你接受我的洗脑。我只是在说为了一致行动，你将不得不按照一种解释行事，而这个解释是根据我听到的想法而制定的。

这就是设立交战原则的一种方式，既让人们能够提出异议，又不会试图给他们洗脑。一旦你已经这样做了，那些还是不积极发言的人怎么办？我的意思是，如果你是一位领导者，你可以观察他们的表情，看看他们是否赞同你，或者，如果他们脸上露出明显的神情，你可以随后找他们谈话，弄明白困扰他们的是什么，而不是让他们当场陷入窘境。我昨天就遇到了这种情况，在医学院的情况介绍会上，我们想要启动一个新项目，其中有一个人对我们提出的计划就是一直保持沉默。人们说："是的，她就是不爱说话。"也许她是不爱说话，但这对我没有帮助，因为我不会再次询问她。因此，我转过去问她："如果你对于如何完善这个计划有什么建议的话，你的建议是什么？"她犹豫了最多5秒钟，说道："我是这样想的。"因此，即使在公开会议中，我们也有调整的方法，这样你就不会让她有异议，也不会让人觉得她失礼。你做了调整就能让她提出建设性意见而帮到你，让她知道你真的想知道她的想法。

爱德华：那真的很有用。我们下面来谈论验证性偏见。我读到过你和你的朋友丹尼尔·卡内曼共同出版的《伟大谈话》，其中谈到了验证性偏见和你们二人对此的分歧。关于验证性偏见你有何看法？有没有可能克服或掌控验证性偏见，你建议怎么做？

加　里：这是丹尼尔和我看法不一致的地方之一。我并没有把验证性偏见看成是一个大问题。大部分研究是让大学生做不熟悉的任务，因此，可以在某些方面对他们进行操纵，验证性偏见现象就会出现。我在实验室之外并没有经常看到这种现象。验证性偏见就是，一旦我拥有一种信念，我就只会寻找支持这种信念的证据，并会主动地忽视或隐瞒不利的证据。他们的研究是在人为情景中进行的，但即使有大学生参与，也可以把任务设计得真实一点，去掉人为的因素。

　　当人们进行现实的任务时，这种验证性偏见几乎就会消失。我认为，在现实世界中，人们并不会忽视异常信息，而可能只会偶尔发生。但我认为，一般情况下，我们的心智模式会告诉我们什么重要，因此，我们搜寻信息的方式、集中注意力的方式都是建立在心智模式基础之上的。所以，这看起来像是验证性偏见，但它只是用心智模式告诉我们什么是相关的、什么是不相关的。而且，如果我们的心智模式很脆弱或有缺陷，我们就不会用正确的方式看待它。因此，并不是我们用偏见去确认心智模式，而是我们的心智模式组织了我们集中注意力的方式。如果没有它，我们将对一切事物予以同等的关注，那么，世界将会突然爆炸，变得不可思议、令人费解。我们会没有能力应对。话虽如此，那些拥有坚定信念、忽视关键信息的人能做些什么呢？而且，你知道这就是人们相当担心经验的原因。这正是经验的消极之处。当然，随着事件的发生，下属会让领导者注意到事件。他们会警惕地注意到没有取得预想成功这一事实，会开始思考失败的原因。

爱德华：如果你喜欢我这样说的话，人们必须对他们个人的反馈回路予以认知和敏感。他们得到关于他们的行动/行为的哪类反馈，才有能力评估或得到合格的且很乐意帮助评估的队员、下属或同事？

加　里：你说的很对。不需要很多反馈就可以。你知道，反馈只意味着"你注意到这点了吗"或者只是提出异常信息，并不经常起作用。在《洞察力的秘密》一书中，我提到1973年赎罪日战争（第四次中东战争）中以色列国防军的例子。在这场战争中，以色列情报局的负责人忽视了下属提供的关于埃及军队行动的反馈，忽略了该行动与训练演习的不一致之处。他只是无动于衷，受到了自己信念的束缚。因此，你看到，我不确定他是否完全忽视信息，他把异常信息给解释过去了。这就是危险的地方：当你逐渐熟练时，你就很容易解释掉让你为难的信息。但是如果你没有对环境做出正确的判断，这些矛盾的信息就会逐渐增加而非减少，这时候你就应该开始担心自己可能出错了。

爱德华：根据你做的所有研究，我开始思考"偏执"这个词的积极意义。担心自己所忽视的东西，认识到自己并非知道一切以及事情会变的事实。在一次采访中我听杰夫·贝索斯（Jeff Bezos）说，优秀的高层领导与差劲的高层领导不同之处在于，优秀的高层领导会经常回顾，对他们认为正确的事情背后的假设予以检验。对于事情发生变化而我的心智模式可能忽略掉什么东西的可能性，我该如何做到保持敏感？我该如何做到在个人和组织层面对这类心智决策加以畏惧并予以制度化？

加　里：我并不确定我对"偏执"这个词到底是怎样的感受。"偏执"这个词听起来像一种精神疾病。我认为，永远不要想着掌控一切那种沾沾自喜的感觉是有一定价值的。在这里，我引用美国第一位黑人国务卿科林·鲍威尔（Colin Powell）的一句伟大名言。他说，如果他对一个决策有70%的把握，他就做；如果只有40%的把握，他就去寻找更多的信息。例如，在进行分析时，我的情绪把我引到了其他的地方，我不会说我要跟着情绪走，而是把这看作是一种警告信号，提示我分析可能不够充分。也许，我需要考虑其他因素或选择。所以我会设法把我的情绪作为一个信号，提示我也许需要拓宽视野，要更愿意接受所涉及的因素。

我可以讲一个故事吗？我们还有时间吗？

爱德华：当然可以。

加　　里：好的，大约30年前，30年前多一点点，我的研究公司正处于挣扎状态，我不确定我们的未来会怎样，而且另一家公司想要收购我的公司。这的确像是一个完美的解决方案。我和会计师都认为他们给的收购价是合理的，而且他们会接管我担心的一切事务。一切看上去都很顺利，我打算与他们见面，敲定一切事务。一切看上去都不错。因此，就等着签约了。但我每次与他们开会回来后，都会感到压抑，需要去跑跑步。于是，我问自己这究竟是怎么回事？那时，我正准备签约，但我说，让我再考虑一晚上，有些事感觉不对劲儿。我觉得，我们在这件事情上已经讨论了许久，我感觉好像陷入了困境——我不想说我要取消签约。但我感觉，在情绪上，我不乐意跟这个即将成为我新老板的家伙共事。他说的是正确的，但我感觉，我与他之间不会产生良好的工作关系。

　　　　　在最后一刻，我取消了签约。我感觉很糟糕，但我不想在有着如此多的顾虑时束缚住自己。随后，我与一些曾经可能成为同事的人，就是那家公司里我的一些朋友作了一番谈话，他们说，他很可怕，是个

"有毒"的管理者。我问他们，他们为什么不告诉我？为什么让我一直蒙在鼓里？他们说，"我们跟着他一块儿受苦，我们希望你的加入可以帮助所有人脱离苦海。"好吧，我谢谢你们。这个例子中，我很高兴自己跟着自己的情绪走了，因为我说服了自己去做乐意做的事。你知道，之前的分析是按照我设想的方式发展的，但我却是在说服自己做一件可能是灾难的事情。

爱德华：故事太有趣了。你知道吗，加里，你提出的这个观点太重要了。而我一直听到的几乎都是平衡、管理压力或平衡"跷跷板"，似乎没说全面，或者没有什么意义。你必须对外部线索和自己的情绪保持敏感，不能让情绪肆意泛滥，也不能让信息泛滥成灾。这不只是符合逻辑的问题，它既是一门科学，也是一门艺术，是一门设法从内部和外部参与其中的艺术。

加　里：我觉得我找不到更好的描述了，事实上就是这样的。说它是科学，是指数据的运算、分析。说它是艺术，艺术家都是有天赋的，他们开发了技能，因此，艺术部分是指经验性的东西，就是你无法用语言表达的隐性知识，但它却让你变得优秀、独特，从而使你注意到它。而我们的情绪就是注意到这部分的一种方式。

爱德华：如果说明天你接到一家财富500强公司首席执行官的电话，他在电话里说"加里，我读过你的著作。我希望聘请你来教我的员工如何更好地思考"，你会怎么回应？第一，你会接受邀请吗？第二，你会做些什么？你会怎样让人们更好地思考？我曾接触过一些首席执行官，他们虽然没说跟上面一模一样的话，但却对我说："我想让你来帮助我的员工更有战略性地思考，或者做更好的决策。"你怎么回应类似的问题？

加　里：我会格外小心。我认为答案并不简单。我会设法找出问题所在。所以，我首先会询问一番。我会说，各位，我知道你对公司经营方式的某些方面感到不满。给我举几个例子吧，因为如果没有例子，你们很容易会各执一词。并且我会认为我们说更好地思考或做更好的决策时，说的是同一个意思，而我们说了很久后，发现说的是同样的术语，但表达的是不同的东西。所以，确定谈话内容的方式就是举例子，给我讲讲你对员工思考方式感到失望的事，并且，不仅要讲对他们的决策失望的事，更要描述决策是如何做出来。这样在某种程度上，我就可以判断是什么出了问题，我是否能提供帮助。

　　如果问题在于人们懒于推断、不去分析而想要更好或更多的批判性思考，找我就找错人了，我会为他们指出可以提供这种培训的人。如果他们感到失望的是，人们不能做出战略性的预期和思考，以及对长期影响的考量，那么我认为我们可能有讨论的基础。这样我需要做的就是帮助人们集中注意力，然后做几件事。首先，建立更加丰富的心智模式，这样他们就能够更好地预期可能会发生什么事情，或者他们需要更加关注什么事情。其次，我的第二个目标是，看看他的员工是不是受限于我所说的"向下箭头综合征"，看看他们是不是害怕创新，是不是害怕别人发现他们在抑制这些事情，在创造抑制洞察力的环境；然后，我会寻找消除那种不良影响的方法，创造出正确的平衡。

爱德华：说到"洞察力"这个词，你让我想起你的最新著作《洞察力的秘密》。我发现这本书很有趣。什么样的环境能让人产生洞察力？什么样的环境会抑制洞察力的产生？

加　里：那是书中最让人感到压抑的一部分。我认为，那可能是书中最重要的一部分。写这部分的时候，我的结论是洞察力在组织中不受欢迎。组织更擅长的是管理和消除错误，消除或者减少不确定性，增加可预测性。如果一切都按计划进行，管理者工作真的就很好做了。而洞察力对这些不起一点作用。洞察力创造的是不确定性，因为我们是在向我们不了解的方向前进。洞察力是有破坏性的，所以对管理者来说，洞察力是在瓦解管理。我们给人们提供的大多数管理工具都是向下箭头性质的。向下箭头就是你想要减少的东西、错误和不确定性,所以,大多数组织、大多数组织管理者都强调向下箭头。我认为这是一个根本问题,也是为什么即使组织有洞察力也不断挣扎的原因。

在书的最后,我提出了关于组织意志力的问题。延续企业当下经营方式的力量有很多,即使你知道必须做出改变,但做改变时会制造混乱,所以你会骗自己想:"我拥有充足的时间,现在一切都好,因此,如果它没有出问题,为什么要改进它?"其实你没有意识到,变化的速度非常快,你根本来不及反应。事情发展的速度非常快,正如我们所看到的像柯达公司[1]、大英百科全书[2]和其他类似的公司那样。

自从我写这本书,就一直在寻找可以用来摆脱这种心态,能真正帮助人们拓展思路、改变观点的练习方法。我在书中写到的一个就是"事前验尸"法,就是说:设想事情变得很糟糕,努力找出其中的原因,这是可以使你所否定或忽视的问题浮出水面的方法。

关于第二个方法,我只能告诉你,我正在研究一

---

[1] 柯达公司:世界上最大的影像产品及相关服务的生产和供应商,但由于长期依赖相对落后的传统胶片部门,而对数字科技带来的冲击反应迟钝,加上管理层偏于保守,没有及时调整经营战略重心,最终遭遇重大危机,开始被迫转型。
[2] 大英百科全书:被认为是当今世界最知名、最权威的百科全书。2012年宣布停印纸质版,全面转向数字版。告别纸质书是源于网络百科兴起而形成的挑战,是不得已之举,但并非因为它的守旧。早在20世纪70年代它就萌生了试水数字市场的想法。

个预言的方法，可以隐隐约约看到要发生的事情，那就是我们并未注意到的早期迹象。提醒你现在应更仔细观察哪些迹象，从而让你更加相信这些你可能解释掉的微弱信号。

我从因特尔公司及其领导者那里得到的第三个方法是关于接班人的："如果你现在被其他人代替了，你希望你的接班人会做哪些你现在没有做的事情？"在做这个练习时，因特尔公司的领导者说："天啊，我们知道是时候退出内存芯片业务了，因为它的利润率不够好。我们有其他更成功的业务，但内存芯片业务对公司的身份非常重要，并且我们有很多东西都卷在内存芯片业务里面。这太难了，所以这是我们愿意做的事情，但实际上，它却是我们的接班人必须做的事情。"他们看了看彼此，然后说道："等一下，这就是我们认为需要做的事情。我们应当现在就做它。"于是，他们改变了行动方向。因此，这些就是能帮助管理团队摆脱"事情进展得很好，为什么要在我觉得必须改变之前就改变呢"这种固定心态的练习方法。当你觉得必须改变时，可能为时已晚。

爱德华：讲得太好了。我赞同你说的组织会自然反对变化带来的挫败感。你想想，大多数管理者清早醒来，主要工作就是想办法减少变数——发现变数然后消除。创新型洞察力可能来自于变数，就其本质而言，它们本身内部就有变数，变数是自身带来的。如果你真正参与到创新的竞赛当中，并对许多新想法进行试验，你会发现，它们大多数会失败，而你必须接受那些事实。创新并不是99%无缺陷的。我也曾有过挫败，找不到数据信息来支持它，但我有这样一个假设，组织大小和创新能力成反比。听起来好像你就是在这个概念里挣扎。

加　里：确实如此。公司更大，指挥系统就会有更多的环节，而且，只需要其中一个环节，即仅一个规避风险的主管，就能把一个新观点否决掉。不久之后再想闯关就更加困难。

爱德华：非常有趣。这让我想起了著名物理学家杰弗里·韦斯特（Geoffrey West）在圣菲研究所进行的研究。他一直在分析城市，分析城市是如何运作的。据他假设，当一个商业组织达到150名员工的层次，它越过这条线时，实际上，它已开始走上毁灭之路，因为它开始失去创新能力，不能再保持企业家精神。虽说这只是他的推测，但有趣的是，一些关注大型组织圈子的外界人说，那里的确有那个跨越点。组织变得越大，收益递减率会比想象的更加严重。

我们还没有谈论的一个领域是你对专念的研究。

按你说的，在商业环境中和整个世界中，专念正成为热门的话题。现如今，许多大学都设有冥想科学研究中心，来自各个企业的首席执行官都经常说冥想如何帮助他们做到集中注意力，小心专注，更好地感知和回应。你已经在专念领域做了许多研究，对于专念，你的基本观点是什么？

加　里：在这一点上我可能会让你失望。我并不热衷于冥想练习或定心活动，或者诸如此类的事情。我只是还没有看到足够的信息证明那些事情是有效的，但我也可能是错的。我就想看到更多的信息。对我来说，专念就是拥有一种积极的心态——对新经验和意外保持开放心态，当你遇到异象或只是激起你好奇心的事物时，对其加以积极的思索。在《洞察力的秘密》一书中，我举了30多个例子，其中一个例子中两个不同的人得到相同的数据信息。一人只是做本职工作，没有真的仔细思考，不够专注。而另一个人会说："嗯，我想知道那是什么意思？"或"我想知道暗含的意思是什么？"因此我认为专念，或者说拥有一种积极的心态，跟经验流相关，而不只是通过事先形成的观点来看待世界。

爱德华：它是否会克服自动运行的自然倾向？

加　里：它是可以通过好奇心这一相反倾向克服自然倾向，就是怀疑事情可能会是什么。

爱德华：你认为每个人都有好奇心吗？或者说好奇是否是某些人有而其他人没有的一种特质？如果你想要拥有一个富有洞察力的组织，好奇心是其中一个特质吗？你会雇佣有好奇心的人吗？

加　里：是的，我认为这是一个好主意。

爱德华：或者雇佣一些有好奇心的人？

加　里：至少雇佣一些有好奇心的人，你雇佣他们，倾听他们的建议，如果他们告诉你一些你感觉不舒服的事情，不要排斥他们。我认为，好奇心有很多面。我阅读了相关文献，也了解了一些关于好奇心的测试。我认为，好奇心跟个体差异有关。我认为有些人总的来说需要认知，就是喜欢做推测。我怀疑，我们也会有非常愚蠢的时候，只是走走过场装装样子，而没有拓展思维，也许我们的心在别的地方想着其他的事情，我们只是在机械地工作。其他时候，当我们高度警惕时，我们就会对可能包含暗示的微小微弱信号保持更加开放的心态。但我认为这两者兼而有之。我认为这既是个体差异，也是一种状态变量。

爱德华：好有意思。关于无知你怎么看？

加　里：我有一个好朋友叫帕特里克·拉姆（Patrick Lambe），是新加坡的一位知识管理专家。他一直致力于研究无知这个话题，因此，我也对它很好奇。在我最新的著作中有一个章节就是关于愚蠢的。这个章节中大部分是关于我自己犯傻的例子。回到无知这个话题上来，我认为人们不会意识到自己不知道的东西。人们在自己错过什么事情时会变得不安，这就产生了我们正在谈论的这种开放性。可以把这种立场和那些过于自信自以为是因而不接受微弱信号和早期迹象的人对比一下，也许，他们忽略的是情景中一些重要的事实。

爱德华：加里，真的很享受与你共同度过的这一段时光，感谢你与我的读者的分享。希望我们还能再聚首。祝你一切顺利。

加　里：爱德华，我喜欢跟你对话，感谢你关注我的研究。我认为你在做的研究非常重要，希望它能得到应有的关注。

付诸行动

1. 这个对话中,哪些内容给你警醒和启发?
   _____
   _____
   _____

2. 你最想深思或践行的核心理念是什么?
   _____
   _____
   _____

3. 受此启发,你想改变自己的哪些行为?
   _____
   _____
   _____

第二部分

成功构建学习系统和学习流程

将错误当作学习的机会。不要担心没有面子，担心目标不能实现。忘记"责备"和"信誉"，关注"精确"和"不精确"。进步的动机必须大于做对的动机。

——雷·达里奥
桥水基金公司创始人

在第一部分，重点介绍的是学习的奥秘，提出了这样几个问题：人们如何学习？哪些环境因素能促进学习，哪些对学习不利？哪些学习流程能促进学习？

在第二部分，将深入研究三家卓有成效的公司如何把"学习的科学"运用到实践当中。这三家公司的员工少的有1300人，多的有40多万人。其中两家是上市公司，一家是私人公司。每家公司都有着巨额的盈利，一直是市场的领导者。它们的商业模式有改革创新的模式，也有卓越运营的模式。两家公司是服务型的，一家是产品型的。在两家公司中，创始人依然积极参与公司运营，而另一家公司中，公司创始人虽然已故，但遗风仍在。

我们研究的三家公司截然不同，为的就是比竞争对手学得更快更好。第一家公司是桥水基金公司，它努力通过学习流程把学习型文化制度化。第二家公司是财捷集团，它努力改变企业文化和领导者行为，努力通过实验来让学习成为公司的商业决策模式。第三家公司是联合包裹服务公司，是运营卓越的商业巨头，它维持卓越运营优势靠的是构建了一套完善的学习系统。

第二部分的目的不是建议你的组织应当模仿这些组织，而是阐明在不同类型的组织中如何应用学习的科学。第四章、第五章和第六章是关于其他学习型组织（如戈尔公司、IDEO设计公司、Room & Board家居公司和美国陆军）的"花絮"，接下来的各章节将以更透彻、更详细的方式来阐述学习以及建立学习型组织的必要性和重要性。

希望你记住以下几个问题：作为个人，要成为更好的学习者，我要做什么？作为团队成员、管理者或领导者，要帮助组织更好地学习，我可以学习些什么？为了帮助分析这几个问题，我们先来总结一下，到目前为止，关于个人学习和组织学习，我们都学了些什么。

在第一部分我们了解到，组织由于其固有本质而抗拒改变，因为组织受可预测性、标准化、可靠性和消除变数这些驱动力支配，但是这些行为对学习不利。同样，人们也抗拒改变。我们所有人都有倾向去寻求验证我们对世界的现有看法（心智模式）和对自我价值的现有看法（自我意识），这些是固有的、情绪的和认知的倾向，也不利于学习。

人类的心智是一个快速、效率极高的验证器，绝大部分时间都是自动运行的。学习需要刻意的、较高水平的思考，要挑战和改变个人对世界和（或）自己的现有看法。尽管我们所有人都力求做到理性和符合逻辑，但我们并不是理性的物种，对学习来说必要的认知和沟通流程几乎每一步都会受到情绪的影响。

我在第一章中提到，我的一个目标就是为建立学习型组织设计一个蓝图。蓝图的设计从公司、业务部门甚至是团队的领导者开始，他不应是X理论领导者，应该是尊重他人、以人为本的Y理论领导者。蓝图设计的下一步是定义公司所必需的学习行为。有了这些学习行为，接着我们就必须设计一个"学习系统"，使文化、结构、领导行为、人事政策、评估和奖励制度无缝衔接，让这些学习行为得到促进。在桥水基金公司、财捷公司和联合包裹服务公司的故事里，你会读到这种学习系统是如何构建的。

如果组织学习系统基于对以下原则的理解，组织学习系统就会发挥最好的效果：更好的学习源于内在动力，并且学得更好是满足我们自主需求、胜任需求、关系需求、归属需求和个人成长需求的一种手段；当我们真正感觉到受关心和信任时，我们才会学得最好；信任和责任必须是相互的——领导者和组织必须赢得"学习者"的信任，并且也要对他们负责。这一切都会产生一种心照不宣的契约，证明的例子就是戈尔公司及其员工（"合伙人"）。为取得高绩效，戈尔公司为员工提供成长和开发最大潜力的机会。

学习需要人们和组织做出改变。无论在认知上还是在情绪上，做改变都很困难。对个人来说，难的是克服自己的心智模式和自我防卫系统，因此学习是团队活动。构建学习型组织——无论是戈尔公司、IDEO设计公司还是美国陆军——都需要小团队或单位。正是通过团队的形式，个人的自主需求、胜任需求和关系需求才能得以满足。信任关系的建立可以增加学习意愿，提高学习效果。为了做出改变，人们必须在向队友承认自己的错误、缺点和无知时克服恐惧并感觉安全。只有在感受到关心、感觉到安全的环境中，允许自由坦诚发言才能落到实处。

学习的下一个组成部分是使正确的批判性思考和学习型谈话流程在组织中制度化。寻求真理的文化可以帮助人们形成有条件地相信自身信念的观念，让人们接受他们真正所知的局限。从根本上说，我们没有谁像自己认为的那样聪明，也没有谁像我们认为的那样善于思考或交流。这就是方法能帮助我们的原因。根本原因分析、揭秘假设、预认知决策模式、"事前验尸"法、洞察力流程、直观形象化和"事后回顾"机制都是基本的学习方法。集中精神、真实不做作和谦逊都是重要的学习行为，对管理者和领导者尤其如此。

学习需要三种良好的"元"自我管理技能，即元认知、元交流和元情绪。我们必须意识到什么时候我们需要把思考和交流提升到更高、更刻意、更有意的水平——并且通过做出这样的行为榜样，领导者就对其管理的员工进行了鼓励。我们需要留意我们以情绪、肢体语言和声音的形式所传达的信息。同时，我们需要帮助人们管理他们对失败、惩罚和不受人喜欢的恐惧，不要让批判性探讨、辩论、合作和学习受此不利影响。本书一以贯之的主题是，允许自由发言、允许失败，只要可以从中学习（或者只要有像戈尔公司"吃水线"一样的东西存在）。

我们还讨论了一个重要结论，教育领域内促进高度投入学习的环境类型的有关研究发现和商业领域内促进员工高敬业度的环境类型的有关研究发现是一致的。这些研究发现可以让我们得出结论，要成为伟大的学习型组织，就要有盖洛普Q_{12}^R员工敬业度评估工具定义的员工高敬业度。

显而易见，研究也表明了积极性的力量。一种充满积极情绪的环境可以让学习成为可能，而积极向上的个人情绪让个人学习成为可能。美国陆军将积极心理学应用于训练100多万名士兵的重大举措再次成为领先指标，如果企业想最大化员工的适应性、学习和恢复力，就必须重视这一领先指标。高绩效、高度责任心和积极性并不相互排斥。

从根本上说，学习是一个过程。在这个过程中，我们每个人创造出关于世界的有意义的故事，故事越准确真实，我们的行动就越有效。三种心态可以促进学习过程：首先，我们必须接受我们的无知程度。其次，我们要把我们认为了解的一切看作是有条件的，并且在新的证据下会发生改变。最后，也是最重要的，我们对于自我价值不要通过已知的事情去定义，而是要通过努力成为我们能成为的最好学习者去定义。

在你阅读下面的故事时，我建议你想一想每位领导者把下图所列举的各项能力发挥得如何。

学习型领导者的能力

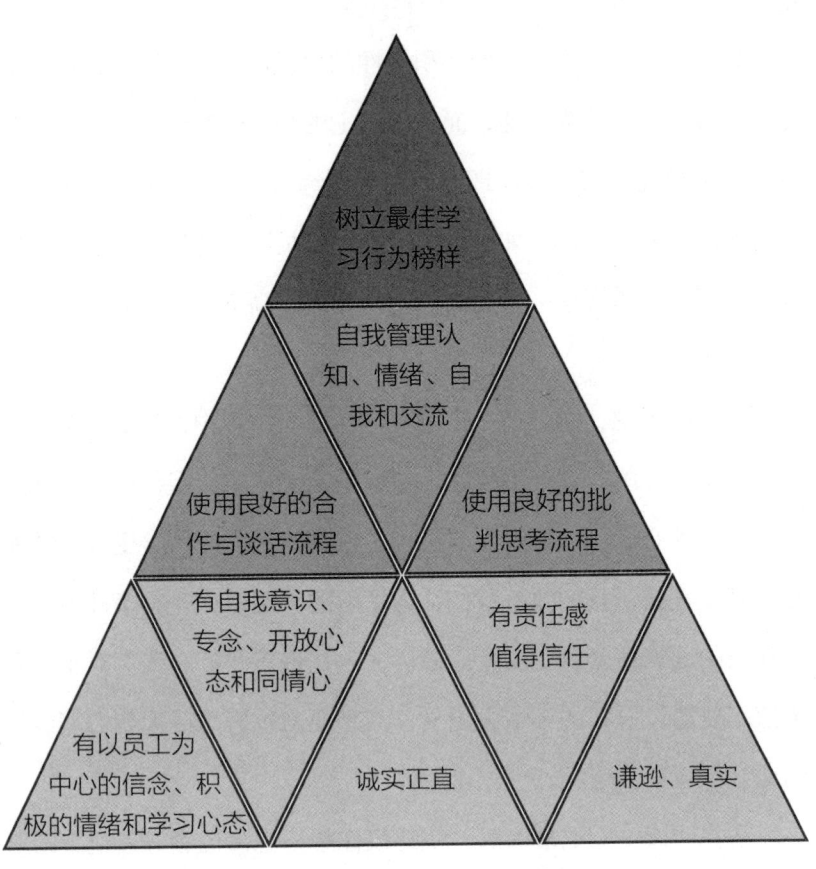

同时也要记住高效学习型组织的检查清单。

高效学习型组织检查清单

首席执行官是否"拥抱"（不是单方面地）学习型文化并"说到做到"？

组织的文化、结构、领导行为、人事政策、评估和奖励制度是否到位，从而可以让学习行为成为可能并促进学习行为？

组织的领导者是否是专注、思想开放、平易近人、富有同情心、值得信赖、真实可靠、透明而谦逊的Y理论领导者？

组织是否创造了充满积极情绪的工作环境？

组织是否有很高的员工敬业度？

组织是否有"允许自由发言"的学习型文化？

组织是否有"允许失败，只要你可以从中学习"的学习型文化？

组织是否有促进系统2批判性思考和学习的流程？

组织是否创建了高质量学习型谈话和合作的流程？

组织是否有缓解个人自我防卫系统的流程？

组织是否对自满自足和无知持偏执态度？

现在，让我们开始学习世界上最大、最成功的对冲基金公司——桥水基金公司。

第九章

打造学习"机器"
——桥水基金公司成功案例

桥水基金公司[1]是全球最大的对冲基金公司,从投资者回报的角度看,是过去40年来最成功的公司之一。桥水基金公司拥有大概350个客户,资产管理下的基金有1500多亿美元。它的客户群几乎平均分布于国内外机构的养老基金、主权财富基金[2]和企业客户。桥水基金公司总部位于康涅狄格州的西港,拥有1300多名员工。雷·达里奥40年前创建这家公司,现今仍是控股股东。

---

[1] 从《行为准则》中摘录的内容和桥水基金公司提供的所有相关材料都受版权保护,经桥水基金公司和(或)雷·达里奥的明确许可在此引用和转载。
[2] **主权财富基金**:所谓主权财富,是指一国政府通过特定税收与预算分配、自然资源收入和国际收支盈余等方式累积形成,由政府控制并支配,通过外币形式持有的财富,政府将这些财富作为基金,并设立通常独立于央行和财政部的专业投资机构来管理和投资,称为主权财富基金。

雷走进我的世界是在2010年他在桥水基金公司网站上发布《准则》之后。《准则》是一个123页的文件，概述了雷的信念和他建议的流程，如果遵循这些流程，个人可以过上成功的生活，企业可以取得成功。为了使桥水基金公司能以一个私营的、金融上自给自足、员工掌控的组织持久发展下去，过去的五年中，在结构、资本基础、领导接班计划以及公司文化、运营模式和学习流程的制度化方面，雷一直在积极地采取措施，《准则》的发布是其中的一部分。

《准则》这份文件分为3个部分，第一部分"准则的重要性"，第二部分"我最基本的生活准则"，第三部分"我的管理准则"。《准则》发布后成为了解桥水基金公司内部运作的第一份公开文件。由于桥水基金公司历来有保护隐私、隐藏秘密和远离聚光灯的强烈倾向，《准则》的发布引起了相当大的轰动，文件的下载次数和许多主要的纽约媒体及财经媒体在2011年接连发表的主要文章就是证明。

第一次阅读《准则》，真正打动我的是"管理准则"部分。在这部分中，雷谈论了我们与理智思考或深入思考对立的自然倾向以及寻找能肯定我们的想法和我们是谁的"自动运行"的倾向，直面商业中的"天性"。从这部分中学到的东西一直印在我的脑海中，两年后，我在达顿商学院设计自己的有机成长课程教学大纲时，我再次想起了这部分内容。课程的一部分内容是探索硅谷的文化及其实验过程，因为在硅谷，只要能从失败中获得学习，失败就不会受罚，而且，对数据信息的关注推动了学习行为和对观点的持续测试。

我决定增加关于桥水基金公司和雷管理准则的课程内容。为了做到这点，我花了约两年的时间研究这本书。我深信，自1991年彼得·圣吉出版具有里程碑意义的著作《第五项修炼：学习型组织的艺术与实践》一书，"学习的科学"取得了显著发展，而雷对促进"系统2"思考和缓解自我防卫系统的研究让他走在将学习的科学运用于创建自己组织的实践前沿。

我们就雷的管理准则进行了一次有趣而深入的谈话。我曾问过我的学生，有多少人愿意在桥水基金公司或有类似准则的地方工作，让他们举手示意。我预计，桥水基金公司的地位如此之高，并且金融业历来是达顿商学院毕业生的主要就业目标，肯定会有许多学生举手表示愿意。然而，在65名学生中，只有3个人举手。

我非常惊讶。我们曾讨论过桥水基金公司是怎样一个创意主导的集团，那里的文化支柱就是学习和自我完善，谁不想在这种公司工作呢？

学生们给出的压倒性的原因跟雷的准则有关——对员工的思考和个人缺点进行透明的、批判性的评价——雷称之为"彻底透明化"理念。桥水基金公司的员工接受频繁的"深度探讨"磨炼：在谈话中，他们的思考接受挑战，工作和个人缺点接受评价。"彻底透明化"的操作方法就是公司对所有会议和评价性质的谈话进行录像或录音。我的学生发现这样做一点都不寻常，但让他们当中许多人投反对票的决定因素在于，每位在桥水基金公司工作的员工都能接触到这些记录，并且这些记录还被拿来用于在公司内部教授《准则》

文件中的"准则"。

学生们一致的消极反应让我对桥水基金公司的好奇有增无减。桥水基金公司是怎么克服人们对直接建设性反馈产生的犹豫或畏惧的？公司的员工是怎么接受"彻底透明化"的理念的？哪类人能在公司生存发展？公司的经营真的跟雷的准则相一致吗？最关键的是，桥水基金公司的经营模式在金融业之外是不是行之有效，在雷任期结束后会不会继续成功地实施？

我联系了雷，深入探讨了桥水基金公司的文化。在结束我们第一次电话谈话时，他邀请我到桥水基金公司的办公室参观两天，观察并采访各个阶层的不同员工，增加对桥水基金公司的了解。

我很快就发现，这不会是一次常见的考察研究访问。雷不仅希望我进行观察，而且希望我在访问之前，充分体验一下"新员工"的学习过程，就是说让我观看那些能阐明关键准则的实际会议和员工谈话的录影。他们给了我一部桥水基金公司的专用苹果平板电脑，里面装有十多个小时的视频材料，其中包括12部阐明不同准则和深度探讨的视频。这些材料在情绪上扣人心弦，未经过任何编辑修饰。雷还安排了两名公司员工帮助我学习，与我一起制定了满足我学习需求的计划。访问日程就这样共同定下来，桥水基金公司并没有对此提出什么规定。

访问的时间是在2013年9月，包括与雷进行近3个小时的私人谈话以及跟随他参与近4个小时的委员会会议，其中有2个小时是管理委员会会议。访问还包括对任职时间不同和不同职责的其他十名员工进行采访。

根据"彻底透明化"的准则,桥水基金公司的每次会议和谈话,包括个人考评和管理委员会会议,都录像或录音存档于桥水基金公司的图书馆,以便任何员工查阅。同样,在这次访问中,我的采访和谈话也被记录并存档于图书馆。公司询问我是否可以这样做,我毫不犹豫地同意了。

在本章中,我希望与你尽可能详细地分享在桥水基金公司学到的东西。通过这些分享,我希望唤起你去思考这次访问让我思索的一些问题:我是不是一名优秀的学习者?我的组织是促进学习的组织还是抑制学习的组织?

为了清楚地阐述这个目标,我将桥水基金公司的故事分成3个部分。第一部分的重点是雷、桥水基金公司的经营模式和雷的一些准则。第二部分的重点是雷的学习"机器"概念和我认为使学习成为可能并促进学习的公司文化的关键内容。第三部分的重点是公司的员工——招聘、培训、员工的评估和员工在适应桥水基金公司学习环境中经历的个人改变历程。

第一次见面

我在一个凉爽的秋日清晨来到桥水基金公司。桥水基金公司的总部位于康涅狄格州西港住宅区一条蜿蜒的小路尽头,由两幢现代建筑构成,周围林木环绕,旁边一条小河潺潺流过。在街道上看不到公司的建筑,车道入口没有指示牌。宁静的环境让我回忆起曾在京都参观过的历史悠久的日本庙宇。

桥水基金公司的建筑内部并不奢华，建筑装饰材料以卵石、木材和玻璃为主，不像其他投资银行和金融机构总部那样装饰的是大理石或豪华地毯。雷的办公室位于走廊的尽头，办公室外面没有等候区或专门管理来访的行政助理，也没有私人餐厅或浴室。

上午8点整，员工把我从接待室带到雷的办公室，并为我提供了咖啡、早餐和座椅。与桥水基金公司总部的其他地方一样，雷的办公室空间适度——大小刚好能容纳一张宽桌子和三把为来访者提供的小型现代椅。与常见的首席执行官的办公室装饰不同，他的办公室没有挂政治家、体育明星和艺人的画像，也没有题写亲笔签名的"超级碗"或大师赛的运动纪念品，只有一组全家福照片。

有人告诉我雷会迟到5分钟。几分钟后，我看到他从大厅走过来。他身体前倾，阔步向前，没有随行人员，身穿一条黑色斜纹棉布裤，一件灰色桥水基金公司长袖开领衬衫，外面套着一件深灰色夹克，脚上穿着马丁靴样式的休闲鞋。进办公室后，他伸出手说道："我是雷。"

"我是爱德华。"我回应道，然后就开始了两天有趣的访问。

雷以询问我的个人履历开始了我们的谈话，问我从哪里来，问我过去是如何一步一步发展的。他很投入，充满了好奇，给人的印象是很真诚的，让人感觉他不是在走过场装样子。正如我们在俄克拉荷马州的乡村跟大型牛饲养场场主一起工作的几天里喜欢说的——当我看着他的眼睛时，很显然，"他在家"。而且，我被雷表达观点的方式所触动,他在表达观点之前几乎总是先说"我可能是错误的,但是……",从不会说"我认为……",而是说"我相信……"

我们结束长达两个小时的谈话时,雷问我:"你知道你为什么来这里吗?"

"知道,"我说,"我是来这里学习的。"

"还有,"雷补充道,"请告诉我们哪些地方做的不对,哪些地方你认为我们可以改进。我希望你能给出直接而诚实的反馈——请不要担心,不会冒犯我的。可以吗?"

"当然可以!"我回答道。

在分享我访问桥水基金公司期间的所见所闻之前,我认为,稍微了解一下雷对你会有帮助。了解他的成长和接受的教育,以及他在金融界内外所采取的早期措施,会便于理解他在对冲基金业务方面的独到之处,以及他如何踏上这条道路,创建了世界上最大最成功的对冲基金,在2013年拥有净值资产129亿美元,成为美国第31位最富有的人(据《福布斯》杂志)。

在桥水基金公司这家独特而成功的学习型组织背后是一位成功的人士,他懂得如何克服个人缺点,如何善于做好自己所做的一切,以及如何学习自己真正重视的东西,即"通过和伟大的人一起寻求真理和至善而获得有意义的工作和关系"。

雷的故事

雷出生于1949年,是独生子,在长岛(纽约附近)的一个中产阶级家庭长大。用他自己的话来说，他是"一个普通的孩子"。他的父亲是爵士音乐家，母亲是家庭主妇。雷并不是一名优秀的学生，不擅长死记硬背。他性格独立，并且如果看不到某事的关联性或意义，他就认为没有必要去学。

　　雷的零用钱是打零工挣来的。他给人家送报纸、修剪草坪、铲雪，在餐馆洗盘子。12岁时，他在一家私人乡村俱乐部当球僮——在那儿，他学到的不只是高尔夫知识。他服务的玩家主要是富有的商人，他们谈论的大多是在股市赚钱的事情——而且在战后的那10年里钱很好赚，因为那是经济增长、信心倍增的时期。雷听了他们的谈话，认为投资股票可能是一个简单的赚钱方式，于是12岁的他买了人生的第一支股票：东北航空公司股票。他选择这支股票是因为便宜，可以买更多份——他很幸运，赚了许多钱，可以说，是在投资上赚了很多钱。然而，他很快明白，这些"来得容易的"利润可能去得也快。这次经历激励他去更多了解如何选择股票和股票市场如何运作。他意识到必须从其他途径获取知识。因为他并没有多少钱，所以需要找简单而廉价的学习方式。他的确找到了。他开始订购公司免费的公开年度报告并如饥似渴地阅读起来。现在回过头看，很显然，这是后来雷看待世界的根本方式的雏型——把世界看作一台"机器"，通过仔细的观察和研究才能判断和理解其内部运作。在这种情况下，雷必须明白如何买入一支持续盈利的股票。而这就是他在年轻时一心投入的事情，基本上也可以说是他的终生事业。

　　高中毕业之后，雷考入长岛大学并继续做投资。他开始对商品交易产生浓厚兴趣，因为它们对保证金的要求较低。对他来说，商品交易是羞辱的经历。许多时候，他确定自己选择了能成功的，结果却失败了。这次经历在他心里内化沉淀，也成为他对自负加以警惕的开端。

在大学时，受甲壳虫乐队印度之旅的启发，雷也学会了冥想，而冥想现在依然是他生活的一部分。我假设，我们在第六章讨论的潜藏于冥想和专念背后的一些价值观进一步赋予和塑造了桥水基金公司的独特文化："彻底透明化"、允许自由发言、不断探索真理，承认和公开讨论个人的缺点、错误与失败，从而有勇气直面现实。要在桥水基金公司及冥想方面突破自我，人们要有通过亲身经历认识现实、保持谦逊、守纪律和坚持不懈的勇气。人们需要学会关注当下，在处理现实问题时不让个人经验受情绪"劫持"。

与高中时期不同的是，雷在大学是一名优秀的学生。1971年从长岛大学毕业。暑假期间，在去哈佛大学攻读工商管理学硕士之前，他在纽约证券交易所当职员。那个夏天出现了全球货币危机，激发了雷对外汇市场运作的兴趣，而外汇市场和对冲外汇风险是他投资和咨询事业的关键部分。

雷在哈佛商学院进步很大，主要是因为那里的教授使用了案例教学法。在课堂上，老师给学生很多复杂的几乎像谜团一样的事实情况，让他们决策。在这种方法中，学习来自于学生先提出自己的观点，接着进行批判性辩论的过程。在这个过程中，他们培养了开放的心态，学会理性思考、权衡备选方案、评估可能性和提出论点。

案例教学法与死记硬背完全不同，这类教学挖掘了雷的潜力：他的独立性，以及在股票市场成功决策取得胜利的动力。

雷在哈佛大学读书的两年里，一些世界性的事件导致商品交易员供不应求，华尔街提供的经验丰富的交易员远远不够，这为像雷这样有商品交易经验的年轻人创造了机会。结果，雷毕业后成为一家小经纪公司的商品部主管。不久后，他离开了那家公司，加入华尔街的一家大型公司，担任机构对冲业务主管，但他很快就被解雇了。在他的文章中，他声明自己被解雇的原因是"不服从"管理。他在《纽约客》和美国金融杂志《aiCIO》上分别发表了一篇文章，暗示他被解雇的原因是冒犯了上级，并雇佣了一名脱衣舞女为来自加利福尼亚的农场客户提供娱乐——这是他所犯下的两个重大错误。任何一种情况都会让快26岁的雷失业。

他认为自己需要做的是创业，而且，他有能力说服之前的一些客户雇佣他作他们的顾问、交易员和风险管理者。1975年，他在纽约市的一间小公寓里开始了最终成为桥水基金公司的事业。从那天起，雷这个性格独立的人，依靠优于竞争对手的思考能力，成为了一名独立的企业家，在成功或失败都很透明、快速且堪称每日反馈回路的游戏中为胜利打拼。

想要了解桥水基金公司及其学习方式，我们需要了解雷本人——他的学习方式、他重视的东西以及似乎对他生活产生重大影响的主题。探索的第一步是了解桥水基金公司是如何创建的，以及是什么原因促使美国金融杂志《aiCIO》如此大胆发表了《雷·达里奥是不是投资界的史蒂夫·乔布斯？》这篇标题醒目的文章。

创业

雷1975年开始创业时，只有几名员工，业务集中于为信贷和货币市场提供货币管理和咨询服务，包括对冲外汇风险。在起步期，他就开始记录进行每笔交易的原因、制作每日交易结果的表格并反思记录交易成功或失败的原因。约20年后，这些笔记成为桥水基金公司全球投资平台初期算法的基础。

实际上，雷总是努力理解事情的根本原因，他使用的"交易后回顾"法是类似于第七章中"事后回顾"的早期经营方法。他的笔记和从概念上理解市场运作方式的尝试也促使他关于经济和企业的"机器"理论雏形的形成。同时，从创业开始，他就专注于进行小额投资并对这些投资进行对冲。不管在过去还是在现在，他都坚定相信要把损失的风险减少到零。

1985年出现了一个重要的转折点，世界银行给他机会，让他管理世界银行的500万美元员工退休基金。这就是桥水基金公司机构资产业务的开始。在描述投资桥水基金公司的决策时，时任世界银行养老基金负责人的希尔达·奥乔亚-布里连伯格（Hilda Ochoa-Brillembourg）说："在提供宏观经济分析服务的公司中，雷的公司是想把分析变成可执行决策的少见的一家。"柯达公司在1989年跟随世界银行的做法投资桥水基金公司。

1991年，桥水基金公司推出纯阿尔法基金。现今，这种基金被誉为史上最成功的对冲基金，为投资者创造的利润比其他任何对冲基金都多。当前，除纯阿尔法基金之外，该公司还管理有其他两种基金。所有基金的操作都是基于桥水基金公司的基本信念，即通过许多小而不相关的投资实现多元化。公司的投资目标是，创造持续而不相关的回报。现今，公司使用历经40多年打造的投资算法在全球100多个流动性资产类型中做投资。

为实现这些投资目标，桥水基金公司专注于在风险分配而非资本分配的基础之上创建投资组合。而且，它建议客户把战略投资决策与战术投资决策区分开来。在向美国证券交易委员会每年递交的表单中，桥水基金公司是这样阐述其投资理念的：

> 桥水基金公司认为，投资者通过把能平衡环境偏见、调整预定回报的多元化贝塔投资组合（资产配置）与能减少系统偏见、调整预定回报的多元化阿尔法投资组合（战术投资）分离开来，可以显著改善他们投资组合的整体收益。

桥水基金公司的业务建立在用科学的方法"寻求真理"的基础之上。公司的研究小组由拥有数学、科学及经济学背景的专业人员组成，他们讨论市场中的因果联系应该如何运作，然后挖掘历史数据，努力寻找这种高概率，即他们的逻辑实际上是"永恒而普遍"正确的（也就是说，超越时间跨越不同国家而存在）。如果一条特定的规律通过了检验，它就会进入投资机器，而且其结果会得到不断的评估以确保达到预期效果。桥水基金公司是第一家在全球拓展这种搜索方法并回归历史的投资顾问。

推动这个过程的是雷认为的"历史会重演"的信念；因此，人们可以从历史中学习什么有用什么没用,并用这种信息检验前瞻性的理念,从而在未来类似的情况下做出更好的决策。查理·罗斯(Charlie Rose)曾问雷所有的投资者都应该读的一本书是什么,雷的回答是美国威尔·杜兰特及其夫人阿里尔·杜兰特(Will and Ariel Durant)1968年出版的仅102页的《历史的教训》一书。

雷对全球信息和历史信息的关注已成为关键的客户价值主张。奥乔亚-布里连伯格曾说:"雷真正的创新在于对宏观经济数据粒度的坚定关注。与其他任何公司相比,他的公司更加深入地研究数据分析的具体细节。不仅是挖掘数据,而且挖掘宏观经济数据的广度和深度,没有公司能做到这样。"桥水基金公司的研究和数据分析的深度令人敬佩,甚至美联储前任主席保罗·沃尔克(Paul Volcker)都把该公司工作的详细程度描述为"印象极深",甚至评价雷"拥有的员工和生产的相关数据与分析比美联储都多"。

桥水基金公司的另一个不同之处在于,它总是不断让客户参与投资理念和战略的谈话。公司出版行业领先的《日常观察》调查报告,内容达30页。公司还发布月报、季度绩效以及年度战略报告,与客户进行频繁的电话和会议交流。这些都是战略性投资的讨论,不只是回顾投资的结果。客户服务部有150多位专业人员为约350个客户提供服务。

是什么让桥水基金公司取得成功?答案是,合适的员工在良好的学习型环境中使用了正确的学习方法。而这背后是公司的基本准则和价值观,桥水基金公司的文化和学习方法就是建立在这些基本准则和价值观上的。

《准则》: 思考、行动、追求的方法和目标信念

从雷12岁开始进行投资的方式来看，很明显，他是一名概念性思考者，他喜欢寻找模式、寻找因果规律并综合分析数据。他观察世界，尝试理解世界的运作方式。经济是如何运作的？世界级招聘是如何运作的？人们是怎么做出好决策的？我们所有人都对世界构建了概念模式；然而，坦白地说，雷的模式却是以证据为基础，并频繁地进行严格的评估。这种不断的探索形成了他"准则"的基础。

正如雷的投资实践以丰富的历史数据为基础，他的准则，如他自己所说，"是可以在类似情况下反复应用的理念，与特定问题的狭隘回答有区别"。他的"准则"就是思考、行动和谈话的方式，已成为桥水基金公司的共同目标，或者是追求的方法和行为。

这些"准则"的背后是雷的目标和信念。他经常提到，自己的基本目标从来不是赚最多的钱。他解释说：

我非常幸运，因为我有机会看到经济上拮据是什么样子，也看到了万贯金银是什么样子……我真的知道，对我来说，拥有更多的钱并不比拥有能够满足基本需求的钱要好多少。这是因为，我生活中最美好的事情——有意义的工作、有意义的关系、有趣的经历、美味的食物、睡眠、音乐、创意、性以及其他基本需求和快乐——在某种程度上，并不是通过赚许多钱就能得到决定性改善的。

雷的动力是充实地生活，按他上面所说，他认为这需要有意义

的工作和有意义的关系。

在雷·达里奥看来，如果人们努力通过学习成为一名独立的思考者，他们的目标就更有可能实现。这反过来需要人们诚实地面对自己的优点和缺点，并切实克服那些缺点，比如接受它们，寻求反馈并积极接受反馈，创造可以克服个人缺点的变通方法。

雷不断教导员工通过征求聪明或更聪明的人的意见来对自己的思考进行压力测试。在雷的世界里，一个关键的观念是"了解你所不知道的"。他曾这样解释："我们最大的动力是我们知道我们有不知道的事情，并对犯错和学习保持开放的心态。"

他还鼓励员工越过自我障碍，客观看待自己的缺点，这样就能寻找到克服缺点的办法并获得成功。由于自我可能妨碍人们参与富于思想性的争论，雷要求自己和他人问自己：这是真实的吗？有意义吗？他说他最基本的"准则"是："真理——更确切地说，一种现实的精确再现——是产生好结果的重要基础。"

正如苏格拉底所说："我只知道一件事，那就是什么都不知道。"著名的神经科学家斯图尔特·法尔斯坦（Stuart Firestein）坚称，伟大科学家的关注点不是他们知道的事情，而是他们不知道的事情。换句话说，伟大的科学家关注的是那些通常阐明更多而非更少无知的研究成果。许多科学产生于由生物和物理定律推动的自然世界。有趣的是，生物学在雷的概念系统中也发挥了巨大作用，尤其是在适应力和系统相关性方面更是如此。

了解雷的信念有助于我们了解桥水基金公司。的确，桥水基金公司不只涉及雷一个人，但雷的信念却构成了公司的文化和经商方式。在雷的"准则"中，你可能会发现一些特别发人深省，进而会问自己："我相信吗？"

信念：公司的文化和经商方式

下面是从雷的《准则》、著作和谈话，以及我的采访中选取的一些具有代表性的语句。这并非一定要你认同雷，而是帮你找到你自己的核心准则和信念。

我也相信没有什么事情是确信无疑的。我相信我们最希望的都是有可能的事情。

我相信有问题好于有答案，因为问题会让人学到更多。

我相信犯错是好事，因为我认为大多数学习是通过犯错和反思而获得的。我每天失败、处处失败。

尽管大多数人似乎认为发现自己的缺点是件糟糕的事情，我却相信这是件好事，因为这是发现怎样克服缺点的第一步，不要让缺点阻碍你自己。

我相信变得更加强大需要内心痛苦。

我相信发展的欲望，即想变得更好，可能是人类最普遍的推动力。

区别成功人士和失败人士的最重要品质是他们学习和适应的能力。

我们的生活质量取决于我们的决策质量。

我相信，如果你可以抛开自负，不找借口，带着开放的心态、决心和勇气去完成目标，特别是如果你请那些在你的弱项方面比较强的人帮助你，你很可能会从生活中得到想要的东西。

我了解到，失败总的来说是因为不能接受并成功处理生活中的现实。

我了解到，真理没什么可怕的。

我了解到，为了寻找真理，我希望接触到的人会说他们真正相信的东西，并倾听对方回答时所说的话。

我了解到，每个人都会犯错，每个人都有缺点，而人与人之间最重要的区别之一就是他们处理错误的方式。

我了解到，特别是在错误和缺点方面，要做到完全真实，这样就可以快速提升自己，向我想要的目标更加靠近。

同时，我不会因为自己有多么优秀或多么不好而满意或忧虑，我的满意和忧虑源于自我提升的速度。

成为一个创意主导的集团，而不是一个官僚机构。

彼此最大程度坦诚相待，追求卓越。

我希望在桥水基金公司，人们共同……

……独立地提出自己可以想到的意见。

……借助他们能找到的最聪明的人对自己的观点进行压力测试，从而挑战这些观点，找到自己的错误之处。

……警惕过于自信，要擅长应对未知。

……与现实进行斗争，感受决策的结果，并反思他们做决策付出的努力，从而取得进步。

将错误当作学习的机会。

不要担心没有面子或担心目标不能实现。

忘记"责备"和"信誉",关注"精确"和"不精确"。

进步的动机必须大于做对的动机。

在桥水基金公司故事的结尾,我们列出雷所认为的在公司生存发展时期,每位员工都必须做出的5项基本个人选择或决定。雷的"准则"迫使每位员工有意或默认地做出这5项关键选择。它们确实能判定他或她能否在公司取得成功,能否融入到公司的文化之中。

雷的5个重要"岔路口"

第一:坏的……让痛苦阻碍进步

　　　好的……理解如何管理痛苦以取得进步

第二:坏的……避免面对"残酷的现实"

　　　好的……直面"残酷的现实"

第三:坏的……担心是否有面子

　　　好的……担心是否实现目标

第四:坏的……基于第一个选择的结果做决策

　　　好的……基于第二个选择的结果和第三个选择的结果做决策

第五:坏的……不承担责任

　　　好的……承担责任

过去5年里,雷一直致力于完成让他的"准则"和信念制度化的重要任务,从而增加公司作为私有的、员工拥有的企业长久存在的可能性。雷已辞去首席执行官的职务,现在担任"导师"一职。他还组建了一个管理委员会,负责管理日常业务。尽管他如今在业务经营方面参与度仍然较高,但他却意识到,总有一天他会置身事外,而桥水基金公司会像生活中其他一切事物一样,继续向前发展。这也是雷关于世界运作方式的信念之一。

将文化和员工合成为一台"学习机器"

前面介绍了桥水基金公司的业务,以及公司巨大成功背后雷落实在文字上的信念、目标和方法。接下来,我们将进一步探索这个观念,了解它是如何塑造公司的商业模式、学习方法和文化的。

雷把桥水基金公司看成一台机器,如果把合适的员工、良好的文化和正确的方法合理地设计在其中,就可能取得促进组织实现目标的结果。"我相信,"雷说道,"要成为伟大的公司,必须把两件事做好——文化和员工。如果这两件事做好了,组织就可以顺利地走过重重波折,抵达你希望去的地方。"

在桥水基金公司,这台"机器"由管理委员会管理。委员会的工作是对比机器的结果和组织的目标,进而判定机器是否运转正常。如果绩效不理想,他们就会诊断并解决问题,从而增加积极结果。这就是雷所说的"反馈回路"。组织的改善和学习的速度与质量高度依赖于反馈回路处理的有效和迅速程度。反馈回路就是学习的机会。雷的反馈回路，即学习机会的观念，可以追溯到他早期投资时期。那时，他坚持记录每支股票投资及他投资的原因。然后，他会根据买卖、收益和亏损评估投资。接着，他会根据结果（即反馈）来努力了解哪些投资是有效的、哪些是无效的。对于无效的投资，他从中吸取教训，运用到随后的投资中。他在从市场反馈中学习的基础上改变自己的未来行为。

反馈回路机制依赖于雷所说的他最重要的"准则"："真理——更确切地说，对现实的精确理解——是良好结果产生的重要基础。"雷认为，差劲的组织和伟大的组织不同之处在于这些反馈回路的频率、质量和管理。反馈回路的质量直接依赖于对真理（即根本原因）进行的严酷而直接的探讨，以及正面处理劫持人们思考过程的自我防卫系统和（或）情绪。对根本原因的真正诊断需要获得责任方的接受和关于如何改善结果的高质量决策。

我参加过或研究过的每次问题诊断会议，都遵循如下"5步法"：

1. 要么是有人问会议的负责人是谁，要么是负责人自己宣布自己负责。 桥水基金公司并不看重"我们"或"他们"。一切事情都落到每个人身上——无论是一次会议、一项任务、一个问题还是一种结果——并且，因为个人责任至关重要，所以会具体到名字。

2. 每个人对将举行的会议的类型达成一致意见。 它是辩论会、讨论会还是教学会议？辩论会的参加人员是经验大致相同的员工。讨论会更加没有什么限制，参加人员包括不同经验水平的员工。教学会议涉及不同水平的员工。

3. 在不同时期，人们会提问这样的问题："我所说的对你有意义吗？你是否相信它是真实的？如果不相信，原因是什么？"桥水基金公司对人们的推理——批判性思考——和答案同等关注。这种思考是否符合逻辑？这一步是为了对说话者的思考进行压力测试。这些问题是雷"不断保持同步"准则的组成部分。值得注意的是，这些问题并不关注人们是对是错；设计这些问题是为了鼓励人们成为独立的思考者，让他们自己得出结论。目标就是在当前现实的基础上得到真理。

4. 如果谈话最后达成了"待办事项"，小组会指派一名负责人，他将同小组达成一个"协议"，具体说明在什么时间范围内做什么。你是否在公司散会时回想会上做了什么决策，或者下一步做什么？桥水基金公司努力消除这类结果。

5. 每次会议结束后，参与者对会议做出评价，并将"珍贵的评论"输入记录所有人会议表现的数据库。所有这些输入的信息都会进入一个庞大的数据系统，这个系统含有设计好的算法，用来寻找可能帮助人们了解自身优点和缺点的模式。这些个人评价最终都会与其他的员工信息汇聚在一起，记录到实时计分卡——"棒球卡"上。

这"5步法"让我想起了飞机飞行检查表。即使飞行员已有成千上万次飞行经验，每次进入驾驶舱时，她都要完成检查表。可以把这个"5步法"看作桥水基金公司的"飞行检查表"。这就是桥水基金公司构建学习型谈话的流程。

在类似会议上做诊断时，桥水基金公司努力了解实际结果（现实）和预期结果之间的偏差到底是设计问题还是人员问题。设计问题要么是结构问题，要么是流程问题。例如，结构问题可能是安排错误的团队处理问题，或者团队中没有合适的成员。流程问题可能是为完成任务而做的计划有问题，或者做决策时用了错误的数据信息。人员问题可能是：（1）任务需求和人员能力不匹配；（2）由于缺乏经验或培训而导致表现不佳；或者（3）公司的价值观和员工价值观之间不协调。前两个问题有可能解决，最后一个问题的解决办法通常是需要相关人员辞职。

为确定真正的问题是什么，一小组人员必须参与到合作而诚实的高质量谈话中。我在桥水基金公司亲自目睹或研究过的诊断性谈话中，雷或另一个领导者总是会指示："将你的思考带到更高的水平"，"超越你自己和问题去客观地看待机器和自己"。"超越自己"有助于人们减少自我防卫系统和情绪上的阻碍。

通常而言，深度探讨消极结果的根本原因意味着研究责任方的设计或执行情况。在这种情况下，人们会产生一种自然倾向，希望想出一个快速的解决方案，使不安最小化，并结束"痛苦"。桥水基金公司明白，快速的解决方案可能产生糟糕的决策，这就引出了雷的另一个基本准则：痛苦+反省=进步。

诊断流程应该引导人们去寻找问题的根本原因。另一个问题在于，出现的问题是只发生一次，还是预示着更大的问题或某个模式。跟任何科学探索一样，桥水基金公司十分警惕在发生次数极少的基础上做决策。样本量是十分重要的。假设根本原因是一个大问题，我们是否有足够的信息来做重大决策？雷对信息数量的态度就是他的三角测量理念，即从能证实模式的多种来源中获取多种信息。

对于只有一两个人做出的决策，桥水基金公司也十分警惕，特别是如果其中一人就是执行的负责方。三到五人的小组会做出较好的诊断，因为对那些不直接涉及的人来说，他们很容易参与到这个过程中而不感情用事、不带自我防卫。在这里我们又一次看到了小团队在学习中的力量。

桥水基金公司认为，每个参与到诊断中有独到见解的人都应当为谈话做贡献；然而，并非所有的观点或思想都是平等的。有些人比其他人更可信。人们的可信度取决于他们的经验和业绩记录。包括雷在内的全体公司员工都有一个不断发展的"可信度指数"——根据人们的经验、绩效评估和来自同事及管理者的日常反馈评级而计算出来的一个数字。在诊断过程中作出最终决策时，哪个人可信度指数较高，他的观点的分量就更重。

桥水基金公司每天进行数以百计的"反馈回路谈话"。公司17个职能部门中大多数部门都要进行这样的谈话：

账户管理部——客户服务部——合规部——核心管理部——核心技术部——公司法律顾问部——交易方和客户关系部——设备部——财务部——人事部——信息技术部——市场营销部——运营部——招聘部——科研部——安保部——交易部

正如之前所讲的，这个流程的目标之一就是培养更多的人理性而独立地思考，让他们在有益信息的基础上做出好决策。在这个流程中，根本原因诊断流程是关键的一步。同样，我们已经了解了雷如何运用团队和可信度指数推进目标的实现，其余需要研究的是他的基本决策准则。其中一个准则就是"理性地做所有决策，把决策当成期望值测算"；另一个是"既考虑结果的概率，又考虑结果的收益，确保不可接受的概率（即破产风险）为零"。

雷是现实主义者，不是大冒险家。他做决策的方法是，试着把所有决策都当成小决策，即没有大缺点的决策。他相信的是做许多——15个或更多——小而不相关的投资。他也相信80/20法则。用他的话来说就是："既然80%的果汁是由前20%的压榨得来的，那么在做决策时，我们需要考虑的重要事情就相对较少了（通常少于5件）。"他还说："决策的时候，考虑一下多花时间获取附加信息得到的边际收益与推迟决策带来的边际成本之间的对比，这对决策的速度有影响。"此外，他说："在做其他任何事情之前，确保所有'必做之事'都高于平均水准。"而且，他补充说："请记住，最好的选择都是赞成意见多于反对意见的，不是那些没有任何反对意见的。"

大多数情况下人们并不拥有存在的全部信息，以上这些规则就是用来处理这种现实情况的。它们解决的问题是要不要前进、如何前进。雷通过小型投资来最小化风险的方法，跟体验式学习法背后的"学习性启动"法是一样的，后者我们在第七章中讨论过。

雷接受的现实是，我们不知道的远远多于我们知道的。正因如此，在做任何可能影响许多人的个人或企业决策之前，人们应当常常问自己以下4个问题：

1. 我真正知道的是什么？
2. 我不知道的是什么？
3. 对于不知道的事情，我真正需要了解的是什么？
4. 我如何去学那些真正需要了解的？

企业文化：准则、信念和价值观的体现

桥水基金公司的文化反映了雷的"准则"、信念和价值观，这并不奇怪。通常的情况是，当一名企业家能够随着他或她公司的发展而自我成长，他或她就能够保持这种原动力长达数十年之久。IDEO设计公司、戈尔公司、Room & Board家居公司、西南航空公司、财捷集团和联合包裹服务公司曾经是或者已经是这种情况。桥水基金公司的文化在每天的大量会议中都有体现，会议上第一个动作就是打开录音机。公司建筑的装饰布局、便装和商务休闲装、主管的办公室大小适中以及同事之间的深厚友谊都是公司文化的证明。

正如我在提醒学生时习惯说的，我走过了许多"路"。在我的职业生涯中，我一直很幸运，领略过许多商业环境和领导风格。在桥水基金公司，我被一些一贯的主题深深触动。

真理/坦诚

桥水基金公司的员工都自愿对我（一个相对陌生的人）说出他们的个人缺点。在公司里，包括雷在内的每个人都有一个广为人知的头号缺点，称作"负担"，并且对此缺点的讨论再正常不过。似乎因为每个人都知道其他人的缺点，所以一开始就没有什么感到羞

耻的。他们知道，桥水基金公司的文化是建立在对自己和他人坦诚的基础之上的。有些人甚至丝毫不加掩饰地主动告诉我——知道我们的谈话正在被录音——他们计划在一年之内离开公司。这令人耳目一新，但对我来说是一次新鲜的采访经历。

三名十分有经验的员工坦率地对我说，他们已经发展到不适合当前工作的状态，准备在桥水基金公司谋求新职位，但是不知道是否有那样的职位，或者新职位是否合适。他们说如果必要的话会采取行动。还有，没有人在谈话中显得焦虑不安或听起来感觉焦虑不安。他们的态度是，无论发生了什么，他们都会坦然接受。在我看来，他们的坦然远远超过对工作收入坦然的层面。这意味着，他们对于进入未知世界有充足的信心。不是所有的事情都要做好筹划；事情可能会发展变化。正如有一个人说的："未知的事情并不会吓倒我。"这就是自我胜任感。

在桥水基金公司，我观察到的谈话，即使是艰难的谈话，都是心平气和的，没有人提高嗓门。有一些谈话中，你会由人们的表情，或者肢体语言，或者说话的声音感受到他们的压力，但他们仍然保持精神集中、谦恭有礼的状态。有一个例子让人难以忘怀。在个人考评之后，一个人说他必须离开会议，需要空间去消化一下会议内容。但即使在这种情况下，脾气也没有爆发出来。过了一会儿，这个人回来了，并请求会议继续。会议接着开了下去，而且每个人都认为会议取得了进展。

谈话中有没有异议？当然有。提出异议是受鼓励的，因为正是在异议中进行深思和对思考与信念进行压力测试，人们才找到真理或达到一个更好的境界。一名高级经理对我说："我不喜欢冲突。但是在这里我喜欢和冲突打交道，因为它会带来合理的利益。"寻求"真理"并不是要追求做个好人，受人喜欢或不犯错误。我在参观桥水基金公司之前看的一个视频中，首席执行官格雷格·詹森（Greg Jensen）说："一直有一种拉力让人们抛弃真理，这是个人和组织在寻求真理过程中常有的斗争。我们希望比其他公司更善于思考。"

有意义的关系：拥有快乐的员工

在彻底透明化的环境中，寻求真理和直面个人缺点能建立人际关系。我在桥水基金公司遇见的每个任职超过两年的员工都说，人们在桥水基金公司能建立起深厚感情和友谊是因为他们同甘苦共患难。一位资深人士告诉我，这些密切的人际关系甚至比公司丰厚的福利和薪水更重要。跟我在公司遇见的所有人一样，这个人并不太擅长表现自己的情感，但是当他说到同事们就像一家人时，我想起了雷的个人目标："有意义的工作和有意义的关系"。我感受到了他话语之中的情感，说道："听起来你很喜欢这里的好朋友。"他回答说："是的，我很爱他们。"

团队：残酷的坦白、定期谈话与直面错误的透明度

桥水基金公司的团队文化不接纳傲慢或者以自我为中心的自我形象或性格。这让我想起了美国海军陆战队以及我在海军陆战队大

学领导学院的工作。海军陆战队是一个以价值观为基础的组织,它的文化是追求卓越、注重团队合作精神、提倡自由发言。海军陆战队的一位上将曾告诉我,部队所做的是"吸纳众多普通人并把他们打造成能在最艰难的情况下发挥最高水平的团队"。或许,桥水基金公司所做的可以描述为吸纳聪明人并把他们改造成业内最优秀的思考者。

桥水基金公司和海军陆战队有类比性的另一个支持证据,是他们在我参访之前送我做研究的一个录像带。这盘录像带是一位海豹突击队指挥官为桥水基金公司员工们所做的演讲,讲的是海豹突击队新兵招募和集训方面的内容。这位指挥官描述了新兵在学习如何管理自己的恐惧,并抑制住情绪不让其影响他们思考的过程中,自身所发生的转变。很显然,这些过程和桥水基金公司的不谋而合。

我在桥水基金公司采访一个有资历的新员工,最近他也加入了桥水基金公司新员工集训营的训练队。你们能猜出在进入桥水基金公司之前他在哪里工作吗?你猜对了——他是海豹突击队的一名指挥官,最近刚退役。一个海豹突击队的士兵究竟为什么愿意来桥水基金公司工作?难道是因为转型很困难吗?

他的答案发人深省。他告诉我他有很多条件优越的工作可以选择,但是他最终选择了桥水基金公司,因为这个公司的文化和海豹突击队的文化有共性。他说,这两个机构都注重学习、适应力,招募具有优秀才干的人员,教导他们成为更好的思考者并不断追求进取。这两个机构都在概率和情景分析的基础上探索行动方案,并积极地规避风险。和桥水基金公司一样，海豹突击队也有这样的文化：残酷的坦白、确保定期谈话与直面错误的透明度。海豹突击队队员把错误当成学习的机会，努力做到不犯同样的错误。在执行任务时，海豹突击队队员也努力控制自己的情绪（恐惧）。

我并不是想说桥水基金公司只是和海豹突击队特别相似。做出正确的投资决策并不等同于执行海豹突击队的任务。然而，很显然，在这两个同样高绩效而又区别明显的组织中，他们的文化里存在着相同的主线。事实是，一些相同的学习心态、能力和流程，既适用于商业领域中快速变化的环境，也适用于非商业领域中快速变化的环境，这一点是很有说服力的。这表明，在快速变化的环境中，人类学习的基本原理是相似的。商界领袖可以向教育及军事领域的学习型领袖学习，反之亦然。

允许自由发言

桥水基金公司的彻底透明化文化赋予每个员工公开坦诚发言的权利。实际上，每个员工也有这样做的义务。一个附带性原则是永远不要在背后议论他人。我在参访前学习过的一个研究录像解释了这一点。会议中的谈话出乎意料地变成了对某个人表现的评估。很快有人说："除非他在这儿，否则我们不能议论他。"所以，他们打电话叫来这个人，请他也参加会议。雷在《准则》中表明，在背后议论他人是桥水基金公司第二不能容忍的糟糕事，仅次于不诚实。

桥水基金公司还有另一个规则，每个人都有权提问并理解意义所在，所有人无权隐瞒批判性的（极具思想性的）观点。

有条件地允许犯错

在商界，尤其是在那些规模和效率（卓越的运营水平）占主导地位的大一点的公司里，管理者每天早晨一醒来就肩负起消除差异的使命。这些"机器"的目标是99%零缺陷输出。你曾在管理者认为错误就是学习机会的组织里工作过吗？我相信这是每一个想学得更好或更快的机构要面对的最大问题。很多人在美国的主流文化中成长和受教育，他们被教导错误是坏事，要把错误最小化。这会让人形成这样的心态：成功的个人策略是不惜一切代价避免犯错，并尽可能少冒风险。

尤其在"知识"商界，所有的公司都试图招募具有最好学术成绩的员工。这些成功的学生很多人在生活中极少犯错，他们自我价值的实现则取决于不犯错。这些也是桥水基金公司要招聘的员工类型。这类新员工将融入一种把错误和个人缺点看成提升机会的彻底透明化、高度责任制的文化中，想一下他们会面临怎样的挑战。游戏突然之间改变了。如果一个人在桥水基金公司上班，他不可避免地会认识到，一个人并没有自己想象的那么优秀或聪明。这些新员工必须学习怎样在桥水基金公司的模式中茁壮成长，以及怎样成为桥水基金公司机器的一部分。

这是一个很大的挑战，但并不是针对每个人的。以错误为基础的学习并不会很快见成效。这需要员工自身努力，也需要管理者花时间和员工一起学习。员工并不是机器，他们有情绪、感受和故事。这也是一个巨大的挑战，因为学习并不是一个高效的过程——它需要时间、多次谈话和反思。

桥水基金公司的标准设得很高,标准保持得也很高。许多人在他们职业生涯的不同阶段离开了公司。一个来自另一公司的资深员工说,在桥水基金公司工作意味着"永远尝试",人们不从他的收入标准——"财务损益报表"——评估他,而是从他的思想——"主意报表"——评估他。

有条件地犯错这一议题对于桥水基金公司的学习机器和文化来说至关重要,所以雷在《准则》中列了9条管理准则来解释"有条件地允许犯错"的文化理念。我几乎一字不差地将它们附在下面,因为它们对桥水基金公司的运营和学习模式至关重要,也因为我认为雷讲的比我总结的要好得多。你会发现,这些准则深刻地解释了在第二章、第三章和第四章中讨论过的概念,尤其是掌握心态与表现心态、接近与逃避的心态、对失败的恐惧,以及个人的自我意识如何阻碍学习这些概念。

我之所以说允许犯错是"有条件的",是因为根据雷的观点,只有认识到错误并分析错误,错误才是可接受的,才会从中有所学习。桥水基金公司的目标是在员工层面和运营层面都学得更好。在我跟许多公司做咨询时,我发现领导者和管理者很难接受这一观念,因为他们认为员工的责任感会淡化。桥水基金公司、戈尔公司、联合包裹服务公司、IDEO设计公司和财捷集团都证明了事实并不会如此。

对犯错的管理准则

以下内容节选自《准则》，都是雷的原话。为了保证叙述流利，我添加了一些过渡性的文字。读这些内容并从中获益最简单的方式是假设雷本人在讲给你听。

（在桥水基金公司，我们创造的）文化是允许犯错，但是如果不认识错误、分析错误并从中学习，犯错就是不可接受的。（我们认识到）有效率且具有创新精神的思考者也会犯错①，也会从错误中学习，因为犯错是创新过程的天然一部分。每一次犯错你都从中学习，在未来就会避免犯更多类似的错误，因此，如果你把错误看成让你快速进步的学习机会，犯错时你应该感到兴奋。但是如果你把错误当成不好的事情，你会让自己和他人感到痛苦，你自己也得不到成长，你的工作环境将充斥各种闲言碎语和恶意讥讽，而不是对真理积极、诚实地探索，进而得到进步和发展。因此，你犯错越多，诊断时越坦诚且诊断质量越高，你的进步就会越快。这不是信口雌黄，也不是空谈。这是关于学习的事实②。

不要为你的错误或他人的错误感到不愉快。请喜欢它们！请记住：（1）它们是免不了的；（2）它们是学习过程中第一个且最必不

---

① 托马斯·爱迪生关于失败是这样说的："我没有失败，我只是发现了一万种行不通的方法。""我不会沮丧，因为每一次错误尝试后的放弃都是向前走的一步。""当我完全判定一种结果值得探索时，我就勇往直前，一次又一次地尝试，直到得到结果。""生活中许多失败都是因为人们在放弃的时候没有意识到自己离成功有多近。"
② 关于这一点有一本好书，即《爱因斯坦的错误:天才的人类缺点》，作者是汉斯·C.瓦尼安。

可少的部分;(3)为它们感到不愉快会让你不能得到提升。人们为错误感到不愉快,通常是因为他们目光短浅地认为错误让他们把不好的方面反映了出来,或者他们担心受到惩罚(或是得不到奖励)。人们也会对犯错的人发火,因为他们肤浅地将目光放在不好的后果上面,而没有看到错误是教育过程和发展过程的一部分。这才是一个真正的悲剧。

我曾经有一个滑雪教练。他教过最好的篮球运动员迈克尔·乔丹如何滑雪。他说乔丹很喜欢自己犯的错误,并从中尽量学到最多。刚上高中时,乔丹是一个不起眼的篮球运动员;他后来能成为冠军,是因为他热衷于利用错误来提升自己。然而,尽管有乔丹的例子和无数个其他成功人士的例子,但更为常见的是,人们放任自我妨碍学习。或许这是因为学校学习过分强调追求正确的答案而惩罚错误的答案。学习好的学生一般都是在错误基础上学出来的,因为他们经常受到错误的干扰。最近几年,尤其是在顶尖大学毕业生身上,我看到了这个问题,他们总是羞于探索自己的缺点。要记住:有才能的人总能以开放的态度承认自身的缺点并从中学习,他们的表现实际上优于那些具有相同能力却不愿面对自身缺点的人。

错误还有另一个好处。一个人应该:

分析错误的模式,看一下它们是不是自身缺点导致的。(我把这称为)不受自我牵绊,用整体眼光纵观全局。如果存在一种错误模式,它可能代表的是一个缺点。每个人都有缺点。最快的成功之道就是知道缺点是什么,知道如何克服它们,不让缺点妨碍自己。

缺点是由学习和能力上的缺陷导致的。但是学习上的缺陷可以随着时间得到修正，虽然通常速度不会很快；而能力上的缺陷则实质上无法改变。如果你把它们看成是可以解决的问题，那么，虽然它们在你争取想要的东西时是一种障碍，但也会是一种没有意义的障碍。

不要因为自己或他人的缺点而感到不快。它们是自我提升的机会。如果你可以解开它们的缘由这个谜，你就会受益多多，具备在将来不犯同样错误的能力。每个人都有缺点，从了解缺点的过程中可以获益。不要把别人对你缺点的探索当作攻击，如果一个人接受批评，特别是如果他能客观地考虑批评是否正确，他就值得受人钦佩。

（同样地，）不要担心自己看起来没有面子或担心不能实现自己的目标。请把你的不安抛在一边，关注怎样实现自己的目标。要检测你是不是过于担心自己的表现，观察一下你发现自己犯错或不了解某些事情时有怎样的感受。如果你发现自己感觉不愉快，去反省自己——提醒自己，最有价值的批评都是精准的批评。想象一下，当滑雪教练告诉你，你跌倒是因为不能正确地转移重心，如果你认为教练是在责怪你，那该是多么愚蠢和枉然。如果批评是正确的，那便是一件好事。你应该感激它并努力从中学习。

忘记"责备"和"信誉"，关注"精确"和"不精确"。当人们听到"你做错了XYZ"时，他们会本能地分析可能的后果或惩罚，而不是努力去想如何从中提升自己。要记住，已经发生的都成为了过去，都不重要了，除非你从中学习如何在未来做得更好。营造一种环境，让人们把"你没有处理好这件事"这样的评论理解成是（对未来）有益的，而不是（对过去）惩罚性质的。人们一般会因为责备而感到不快，因为表扬而高兴，这种态度会让一切事情变得糟糕，会导致产生很大的问题。担忧受到"责备"和得不到"表扬"，或者"积极的"和"消极的"反馈，都会妨碍对学习来说必不可少的反复过程。

（这一点非常重要：）要把错误具体到个人身上。搞清楚谁犯了错误对学习来说很重要。这也是对个人的一种考验，考验他（她）是不是把自我提升看得比自我更重要，看他是不是能融入桥水基金公司的文化。我们常犯的一个错误是说"我们没有把这件事办好"，而不是说"哈里没把这件事办好"。在把具体的错误和具体的人对应起来时，人们会因为自我的敏感性而感到不舒服。这种情况下，这样的错误就出现了。这会让组织机能失调，产生不坦诚的内部风气。因为个人是任何一个机构最重要的组成部分，并且个人也是做事方式的负责人，所以做诊断时，必须把错误和具体的人对应起来。例如，某员工建立了一个运行出错的程序，或者决定让我们按照这个程序来办事，却忽略了这样做会拖延我们成功解决问题的进度。

把自己的缺点和别人的缺点写下来，帮助自己记住它们，承认它们。隐藏缺点是有害的，因为如果你把缺点隐藏起来，你成功克服它们的进度就会变慢。

经历伤痛的时候，记得反省自己。你可以把发现自己的错误和缺点的"痛苦"转换成一种快乐。这是我嘱咐你记住的唯一一则忠告。

冷静下来，想一下是什么让你心理上产生痛苦，可以请其他客观且可靠的人帮助找到这个原因。找到真理，不要让自我这个障碍挡住了你的前路。因为，请记住，发现错误和缺点而产生的痛苦是"成长性质的痛苦"，你可以从中学习[①]。不要仓促地放掉它们，要停下来并探索它们，因为这会是自我提升的基础。众所周知，（1）改变根深蒂固且不好的行为是非常困难的，但对于自我提升来说是很有必要的。（2）这样做一般需要对不好的行为和它带来的痛苦两者间的联系有很深刻的认知。心理学家把这称为"寻根究底"。欣然接受失败是迈向真正提升的第一步，也是为什么在很多社会中忏悔赢得原谅的原因[②]。如果你坚持这样做，你会学着提升自我并体会到其中的乐趣。

经常自我反省并确保员工也反省。这决定了人们的快速提升。在痛苦面前，动物的本能反应是"战斗或逃跑"，不是反省。当你冷静下来，去思考让你痛苦的困境，你会进入新的境界，得到启发，最后获得进步。这是因为你的痛苦源于一些事情的矛盾——也许是你遭遇了现实，比如朋友去世，而你不能接受事实。如果你冷静下来，想明白哪些事情相矛盾，你就会更加懂得现实是怎样的，懂得如何更好地应对它。这样当然会获得进步。另外，如果痛苦让你变得紧张，

[①] 如果你把短期的失败看作是走向长期成功的一步（事实的确如此），如果你从中学习，你就不再害怕它，也不会因它而感到不快，并且你会把所有经历都看作是学习的机会，即使最艰难的经历也会如此。
[②] 自我经常会妨碍你承认自己的缺点（而承认缺点是克服缺点重要的第一步），就像害怕提问题一样，因为人们可能会因为你的无知而认为你愚蠢。然而，承认缺点（比如，"我知道我很愚蠢，但我还是想知道……"）可帮你摆脱狭隘的自我，不断学习和提升。

不去思考，为自己感到伤心，怪罪他人，那么，这可就非常不好了。所以，在你感觉痛苦的时候，努力记住这个等式：痛苦+反省=进步。判断一个人能否自我反省很简单：自我反省的人以开放、客观的态度审视自己，而不自我反省的人则不会。

管理者需要"让员工认识到在犯错中学习的价值并强化这种价值"：

我们必须把错误公开并客观地分析它们，所以管理者需要培养出一种文化，让这种做法成为常态，惩罚隐瞒或掩饰错误的行为。在桥水基金公司，人们犯的最糟糕的错误大概就是不能正视错误，即隐瞒错误，而非把错误突显出来。把错误突显出来，分析错误，思考以后采取什么不同的做法，然后把新知识添加到操作手册中，这些对于我们的提升是必不可少的。

在这些管理原则中，雷对于错误作为学习机会这一作用的喜爱之情表现得淋漓尽致。桥水基金公司数十年来始终如一的高绩效是无可争辩的。我相信，每个组织都可以向桥水基金公司学习，因为桥水基金公司做事方法背后的原则反映了学习的科学的精华，至少在我们目前所知的范围内是如此。无论你做的是什么生意，学习的原则都是一样的。

桥水基金公司的故事很有趣，也很有挑战性。我要告诉你的事实是，我们作为人类，处理信息时速度很快并且很高效，而且用的是能肯定我们世界观和价值观的方式。对于这一事实，桥水基金公司创造了自己的方式来应对。桥水基金公司懂得，高质量的思考和学习需要更深刻、更具批判性的思考，而这可以通过与其他人进行高质量的谈话得以促进。

同样地，桥水基金公司懂得，应对自我防卫系统、修正我们的世界观和价值观也是很难一个人完成的。这类学习是一种团队活动。要让别人参与进来帮忙，开放、直接、坦诚的交流是必需的。而这反过来又要求大家都相信，不会因为尝试接受帮助而受罚，还要相信系统不会惩罚有缺点的人，除非他们没有任何改进。害怕讲真话、害怕犯错误和害怕看起来没面子都会妨碍组织中的学习。这些害怕从来不会完全消除；然而，桥水基金公司证明了，良好的文化、正确的流程、正确的领导行为，加上辛苦的努力是可以大大减轻它们的。

桥水基金公司遭遇了个人如何思考、个人的自我防卫系统和情绪如何妨碍学习这一"真理"。桥水基金公司运用文化、批判性思考和学习型谈话的流程提高了公司的学习质量和学习频率。

员工招聘及深入管理

桥水基金公司目前正在进行一个让招聘更为科学的项目。在过去，大约有25%的新员工在12~18个月间辞职。在一些部门中，这个比例高达50%。2007年以来，桥水基金公司的整体人员流动率平均为19.6%。桥水基金公司对于员工留用率的数字不满意。它过去一直专注于招聘和公司文化相符的员工，但是现在它希望让招聘更科学一点，提高留用率。按任职时间长短，员工几乎平均分成下列各组，每组员工数占总员工数的三分之一：0~2年，2~4年，超过4年。平均任职时间为3.5年。公司的员工留用率通常很难计算，但是在最近一篇关于亚马逊及其创始人杰夫·贝索斯（Jeff Bezos）的文章中，各家大公司的员工平均留用率被罗列了出来：亚马逊，1年；谷歌，1.1年；微软，4年；英特尔，4.3年；国际商用机器公司（IBM），6.4年。这为桥水基金公司的平均留用率提供了展望。

雷把留用率看成是招聘设计的问题。他认为，桥水基金公司当前的流程设计得还不足以找出最有可能在公司蓬勃发展的员工。在过去25年里，这个流程一直能够让桥水基金公司创造非凡的投资成果，但是既然雷的使命是打造最好的、最具持久性的组织，招聘问题已然成为一个更大的关注点。

雷曾表示，面临的挑战是找到足够多的既聪明又相信彻底透明化制度，有能力像雷和桥水基金公司所期待的那样熬过转型期的员工。雷把这一过程称为"到达彼岸"。员工平均需要18个月才能适应桥水基金公司彻底透明化的工作环境和持续反馈的流程，渡过接受自身缺点、缓和自我防卫系统的过程，以及投入个人工作并在克服和管理自身缺点方面取得进步。并不是每个人都可以渡过这个过程。前面已经提到，桥水基金公司的人员流动率比雷希望的高得多，这就是他想要找出哪类人最有可能"到达彼岸"的原因。

当然，还有一个挑战，那些拥有对于工作来说最好的知识基础的员工身上也有让转型困难的特质。桥水基金公司的新员工，无论是年轻的还是更有经验的，一般都符合下面的描述。他们这些顶尖学校的毕业生精英：

- 过去有成功的记录；
- 在失败的经历方面，即使有的话也极少；
- 几乎从未得到消极的反馈；
- 有强烈认为自己比大多数人优秀的自我意象；
- 努力避免看起来没面子或愚蠢；
- 几乎从未进行过关于自己的艰难谈话；
- 不喜欢对抗局面，努力做个好人，赢得他人喜欢。

桥水基金公司的目标是把员工改造成独立且具有批判性的思考者，他们：

- 有开放的心态；
- 自愿对自己的思考进行压力测试；
- 接受自身的缺点并努力改善；
- 接受自我防卫系统的存在，努力缓解和管理它们；
- 直率地承认自己的缺点、错误和无知；
- 相信职业就是一段学习和自我提升的旅程。

人是很复杂的。每个来到桥水基金公司的人之前都受到了不同环境经历和基因的塑造。他们是先天与后天的融合。每个人都学会了如何在他们的世界中取得成功，因此，他们学会了如何"玩游戏"。这里的难处在于，桥水基金公司的游戏与众不同。彻底透明化、承认个人缺点、接受错误、适应高度评估性的组织，这些都是有挑战性的。那些能拥抱桥水基金公司的文化并从中获得成功的人身上有什么样的价值观、特征和能力呢？

这个问题把我们带回到了第四章和关于动机与心态的讨论中。在过去的几年里，雷忙于和海豹突击队探讨哪类人可以顺利渡过组织的艰辛训练过程。他研究了阿尔伯特·爱因斯坦、本杰明·富兰克林、史蒂夫·乔布斯的传记，还与无数个心理学家和顾问进行过交谈。随后，他决定招聘具有成长心态的员工，即有好奇心，想掌控自己的世界，不怕失败、风险、不确定性或未知的人。他们倾向于靠近而不是躲避，强大的动机是内在的而非外在的，内部导向胜于外部导向，思想开放而非保守。"到达彼岸"要求按照桥水基金公司的价值和文化来生活做事，也要求参与经常性的评估过程，弄明白哪些方面必须提升才能到达彼岸。

我曾工作过的每一个公司都有某种领导力发展项目来培养必需的领导能力，这些项目包括规范化培训或管理者参加的课程。许多公司很少使用心理测试，用的都是标准年度评估和发展计划会谈。我在金融服务业基本上有二十多年的从业经验，然而，我从没有收到批判性评论，也没有讨论过必须克服的缺点。我从没有接受过360度全方位的评估。我不是说自己有多么优秀，我想要强调的是，在对个人发展的管理水平上，没有哪家组织可以比得上桥水基金公司。

让桥水基金公司变得如此有趣的，是员工得到反馈（无论他们要求与否）的频率和质量。员工进入桥水基金公司时，他们签订的合同中要求做一个思考快速成长员工的条文，目的就是为了加速个人成长。组织的目标是什么呢？是帮助每个员工尽其所能成为最好的独立思考者，因为拥有最优秀的思考者是桥水基金公司的竞争优势。

实现这一目标需要一个精心设计的流程。桥水基金公司的流程包括各种评估，彻底透明化，对每个员工的发展进行深入管理。其中，深入管理是借助每个管理者的下属限制在5~10个人这种管理跨度来实现的。这个限制意在使每个管理者可以很好地了解其下属，反之亦然。18个月的转型期过后，员工之间会形成有意义的关系和深厚的感情。

我在桥水基金公司研究期间，与员工讨论的时间越长，我就越会想起在弗吉尼亚州匡蒂科的海军陆战队大学领导学院里的工作。海军陆战队这个"机器"旨在培养"机动战士"，需要的是思维敏捷、富有创造力、具备批判性思考能力的领导者。海军陆战队相信，打造一个有凝聚力的组织需要成员有共同的训练经验、做事方法和关乎荣誉、勇气以及承诺等这类信念的共同价值观。海军陆战队的学习流程叫作"转型"，转型开始于招聘期（即确保符合海军陆战队的文化），贯穿新兵的整个职业生涯。

海军陆战队的领导力培训设计得充满压力，目的就是考验人们。考验之后是详尽、直接和及时的反馈。海军陆战队对转型过程的描述是：把"生铁"打造成为"磁化的精钢"。正如很多年前一位海军陆战队的上将跟我说的那样："我们吸纳普通人，把他们打造成为一支有凝聚力的团队，在最艰苦的环境下优异地完成任务"。这一点，和桥水基金公司预期的新员工转型具有惊人的相似性。在下面的各节中，我将讨论桥水基金公司为指导新员工完成转型并帮助他们"到达彼岸"所运用的一些工具方法。

员工评估

雷对于各个层次员工的评估准则可以用一句最重要的话来概括："正确地评估他人，不要'仁慈地'评估他人。"

那是一件艰辛的工作。正确地评估他人需要时间和深度的思考，去评估数据信息，得出暂时结论，和员工谈话前再思考这些结论。告知不好的消息很难，没有人喜欢干这事儿是因为不受欢迎。在认识到了这个事实之后，桥水基金公司的管理者不得不十分小心，既不能削弱坏消息的效力，也不能轻描淡写地告知坏消息而让人更加难以理解。同样，因为很少有人看待自身缺点的方式跟评估人员看待的方式一样，所以很有可能出现不一致的意见，使大家变得情绪激动。接受评估的员工通常需要时间进行反思，直到双方就问题达成共识才会进行进一步的谈话。

接着，他们必须判定这个问题是模式的问题，还是偶然发生的问题。如果问题被判定为模式的问题，评估人员和员工必须讨论它是设计的问题还是人员的问题。如果是设计的问题，这个机器该部分的责任方必须前来一同讨论如何修改设计。如果是人员的问题，必须确定这到底是因为员工与工作不匹配的问题，还是因为培训的问题。他们必须商讨出一个解决方案。

即使是在最好的情况下，这个过程也是比较漫长的。很显然，桥水基金公司投入了大量时间来评估每个员工，努力让每个人找到可以获得成功的位置。任何一个把员工看作最重要资产的公司都会面临类似的挑战。然而，我所工作过的、做过咨询的，或者进行过研究的大部分公司都未寻求进行这种程度的投入和分析。

即使有了正确的准则、正确的评估方法/测试、正确的数据分析工具，花时间艰辛地分析，批判性地思考，得出考虑周全的结论，然后在多次谈话中跟员工就结论进行沟通理解，从而实现个人提升的目标，这些工作最终也还是要落在具体人身上。大多数管理者和领导者没有受过心理学或临床咨询方面的培训，所以对桥水基金公司来说，管理者和领导者必须在这些艰难的谈话中出色地完成评估任务就是一大挑战。

在第106条管理准则中，雷要求员工提供持续、清楚而又坦诚的反馈，并鼓励对这些反馈进行讨论。他告诉员工要让他人听到他们真实的赞美或批评。因为人们倾向于不合情理地进行消极反馈，所以他同时强调澄清人们的优势并注意到人们的优势也很重要。他还经常提醒员工，桥水基金公司非常关注错误和缺点并非出于任何恶意，而是因为它们是成长的机会，可以帮助公司让每个员工找到合适的位置。

雷说："个人发展的第一步是认识到自身的优点和缺点，然后通过改变缺点（通过训练）或变换工作来发挥优势和偏好。"

他说："一般说来，大体采取这样的方式，我们了解一个人需要6~12个月，而改变行为则需要18个月。"他还说"我认为你做了错误决策"和"我认为你是差劲的决策者"两种说法之间是有区别的。他的管理准则中其中一条是这样写的："不要认为一个人擅长或不擅长某些事就意味着他擅长或不擅长任何事。要知道每个人都有优点和缺点。"

在对员工做出判断时，桥水基金公司强调，这些判断必须要有足够多高质量数据的样本，然后与员工以开放、公正的态度来讨论。第111条原则告诫称："请记住在评估员工时，对自己的评估过于自信和不能对评估保持一致是两个最大的错误。"

员工的个人成长工具

桥水基金公司创造了一系列用来评估员工和供员工使用以管理他们个人成长的工具。桥水基金公司运用了很多不同的心理测试：迈尔斯-布里格斯类型指标、团队维度剖面、工作场所人格量表，以及以艾略特·贾克斯（Elliott Jaques）的分层系统理论为基础的价值观问卷。

这些测试只是一个开始。我们已经讨论过，参与者在每次会议过后都可以对责任人和其他他们认为合适的参与者进行评估，并且任何人都可以随时提交对其他任何人的反馈。所有的这些都是透明的，每个员工都可接触到这些信息。每个员工都有一个计算出来的可信度指数，这个指数基于员工经验和员工对反馈的评估，而员工对反馈的评估指示的是对不同人的反馈给予的适当重视程度。这些反馈每天自动更新，每个员工可以在自己的桥水专用苹果平板电脑上查阅。

桥水基金公司运用很多其他的工具定期反馈员工的优点和缺点，帮助他们成长和发展。所有这些工具都装在每个员工的桥水专用苹果平板电脑上。为了让你对这种评估的强度和详细度有一个充分的认识,我在此讨论四个工具:评分收集器和评分连接器、问题日志和问题日志诊断卡、痛苦按钮、棒球卡。

评分收集器和评分连接器

每个员工可以用"评分收集器"工具在个人观察、会议、谈话或协作经历的基础上给其他任何员工的表现做反馈。评分人可以就桥水基金公司衡量的77种行为"属性"或态度"属性"中任何一属性提供反馈信息(更多关于某些属性的详细信息和属性列表参见后文棒球卡的讨论部分)。评分人也可以就某位员工对桥水基金公司准则的遵循程度做反馈。在桥水基金公司任何类型的任何一次会议结束时,参与者都有时间用评分收集器输入他们对会上任何一个人的评估或反馈信息。有时候,会议的指定领导者也可以直接要求与会者对某个特定与会者的表现做反馈。此外,与会者在评分收集器上设计几个关于会议召开得如何或会议效果如何的问题做民意调查,这类事也并不少见。在桥水基金公司的彻底透明化准则下,所有这些反馈对每一个桥水员工都是透明的。

评分连接器是收集到的反馈信息的输出端,基本上就是每个员工从任何人那里所得到的反馈信息的数据库,但不包括其前任管理者很长一段时间之前对该员工的评估。里面的数据根据相关的77种属性进行分组,之后根据员工的优点、缺点和属性进行总结,得出该员工的反馈信息的整体情况。评分连接器不仅显示了其他人对该员工的评估,而且根据接受者和属性收集并总结了该员工给其他人的所有评估。这些评估信息根据评分的数字分级、评分人的可信度指数以图表的形式展示出来，这样一来，受评估的员工和他的管理者可以根据属性对个人评分和综合评分给予相应程度的重视。

评分连接器是每个员工的实时反馈数据库，这个数据库可以追踪到反馈的趋势和需要提升的属性的数量。评分连接器是根据统计学设计的，能揭示评分人的偏见，因为它可以让受评价的员工很容易看到同一评分人给公司其他员工在同一属性方面的评分。这样一来，如果一个员工在一个属性上得到了很低的评分，而他看到这个评分人却只给了他一个人低分，那么，除了评分人的总体可信度指数外，该员工还有数据来解释该评分的可信性。评分连接器也可让每个员工获取他在某个属性类别方面的总体评分，并与公司总体的统计数字进行比较，之后深入研究，看看哪些人跟自己有同样的评分，哪些人有更高的评分。这就给员工提供了数据来认识那些在自己需要改善的行为方面最好的榜样。

评分连接器也可以让员工看到其他任何一个员工的所有评分数据，包括那些跟自己给分接近的员工。桥水基金公司运用算法把员工评分连接器上的评分进行三角化处理，给出他们的评估分数，他们的指定管理者对他们的绩效做的评价和反馈——每个员工都有一个指定管理者。整个过程有三个重要的目的：准确反映个人优点缺点的整体情况，追踪绩效趋势，运用这一数据信息把员工安排到可以发挥自身优势的岗位上。包括雷在内的所有员工都知道自己处在什么位置，所以对于审核时间大家都不会感到惊奇。

每个员工评分连接器上的数据只是桥水基金公司其他工具的基础，因为每个人都有缺点，而评分连接器可以说明这些缺点。那么接下来做什么呢？自然是每个员工和他的指定管理者进行根本原因分析从而发现问题产生的原因了，桥水基金公司这样的要求一点也不奇怪。这个分析正是问题日志和问题日志诊断卡的真正用意所在。

问题日志和问题日志诊断卡

流程问题或人员问题会使桥水基金公司这个机器不能获得最佳绩效。为纠正或改善这些问题，公司采用的工具是问题日志和一个诊断流程。问题日志只是每个员工的所有个人问题或流程问题的清单。公司拥有一个集中的问题日志，管理者运用它来了解和它们相关的人员问题和流程问题，即和每个员工共同分析最重要问题的根本原因。桥水基金公司采用的诊断方法反映在问题日志诊断卡（见下页图表）上。

诊断流程可以判定错误是由公司设计问题还是个人缺点引起的。如果是后者，这个流程便会判断这个缺点代表的是不是这个员工的模式，并且（或者）是不是由于缺乏能力或培训造成的。最后一步是管理者和员工共同决定需要采取什么措施来长久地解决这个问题，降低问题再出现的概率。在某些情况下，这意味着为个人制定一个发展计划，在其他情况下，它可能意味着某个员工不适合所在的工作岗位，需要离开岗位。所有的这些都有助于为桥水基金公司每位员工提供持续的整体情况反馈并记录在棒球卡上——包括根本原因和改进原因、克服缺点的计划。

214 /// 第九章

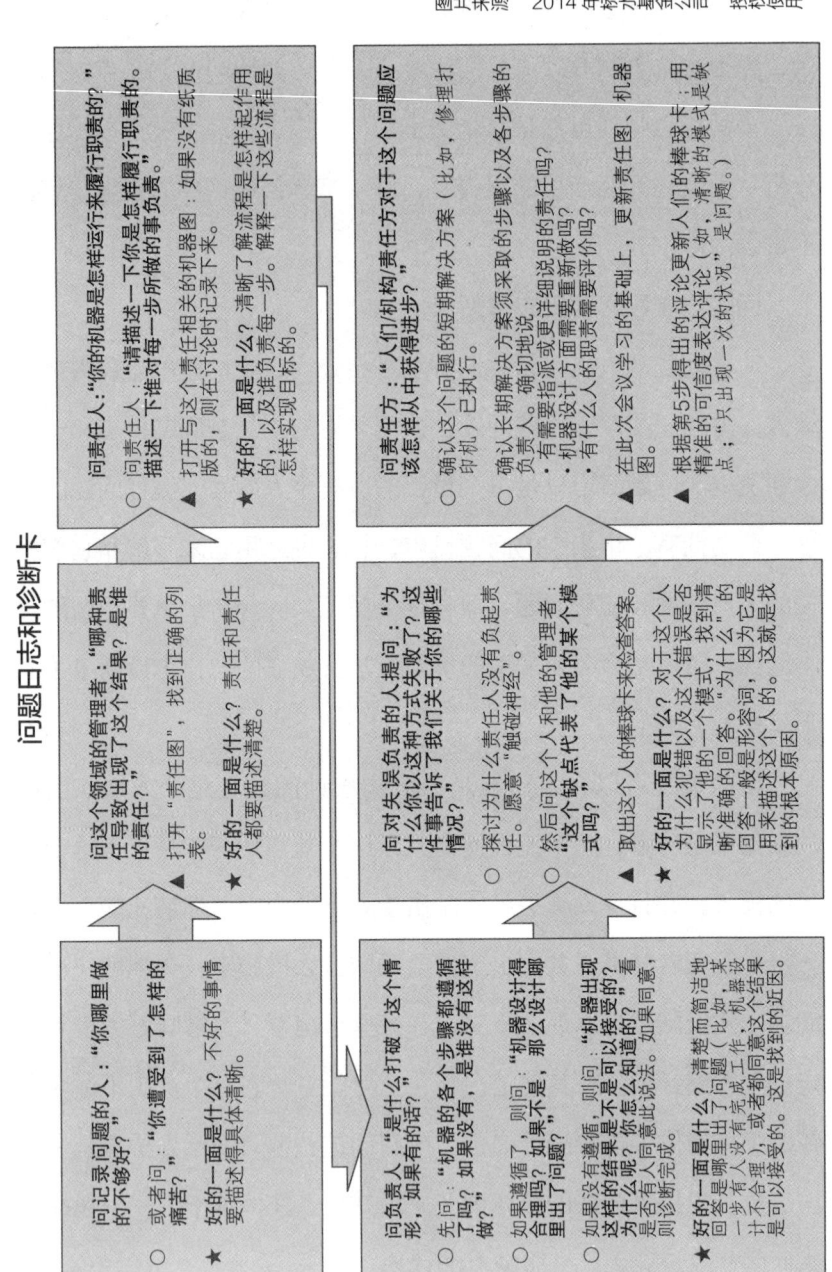

图片来源：2014年桥水基金公司。授权使用。

这些卡片对所有员工都是公开透明的。每个人都可以了解其他人的缺点，这有两个积极作用。第一，使大家都明白每个人都有缺点。第二，让大家都了解公司是如何处理缺点或问题的，进而让大家信任系统，对他人感同身受，形成谦逊的态度。

痛苦按钮

你还记得雷提到的"痛苦+反省=进步"这个等式吗？"痛苦"代表的是面对、接受自身缺点并采取措施克服它们时产生的内心挣扎。痛苦按钮是安装在每个员工的桥水专用苹果平板电脑上的一个应用程序。和其他工具不一样的是，痛苦按钮有一个特殊的地方，它允许员工设置权限，可以只允许自己或指定的员工查看。痛苦按钮可以当作个人日志来使用。因为痛苦是事情可能出问题的信号，所以这个应用程序的目的是让个人把正在经历的"痛苦"记录下来并思考，从而了解痛苦产生的原因并有效地解决问题。

第一步是"记录痛苦"——要么根据彻底透明化的规则，要么私下记录——描述导致痛苦产生的经历、其中涉及到的人（至多4个员工）和痛苦过程中感受到的所有情绪，以及每种情绪的相对强度。可能记录的情绪有：生气、悲伤、伤痛、焦虑、害怕以及战斗或逃跑的冲动。是否要和其他人分享这个信息取决于个人意愿。

第二步是"反思痛苦"。这个过程是深度思考痛苦产生的原因以及哪些因素和事件导致了痛苦的产生。如果痛苦来源于他人的反馈信息，鼓励员工通过反思去努力了解提出这些反馈的人是怎样得出这样的结论的。反馈信息是建立在什么事实基础之上的？他的信念是什么？接着，就像在第七章讨论的揭秘假设流程那样，鼓励员工努力弄明白为什么感受到了痛苦，也就是说，弄明白在那一刻引发这些感受和情绪反应时背后的信念是什么。在这个过程中，员工通常会遭遇他们的自我防卫系统和恐惧，正如前面几个章节中讨论的那样。之后，鼓励员工像写个人日志一样记录下一些反省和思考内容。如果员工没有做记录，只要没有输入反思的内容，他（她）就会收到个人提醒。提醒只有该员工能看到。

痛苦按钮的反思页面上也有一个结果或解决方案功能区，在这个功能区里，通过反思"谁应该采取不同的做法？"这个问题，员工可以制定治疗痛苦的方案。员工接着可决定是否实施那个改变方案，并且可以在"进步区"追踪取得的进步。在"进步区"，员工可以查看痛苦有没有再次发生，或者他们实行的解决方案随着时间的推移是否在有效地缓解痛苦。

棒球卡

我们讨论的最后一个工具是一个卡片，它显示的是员工的总体评估总结。包括雷在内的每个桥水基金公司的员工都有一张"棒球卡"，卡上有他们自己的照片、基于正规绩效评估的总体绩效评分以及在心理测试和桥水基金公司准则方面的行为表现评估基础之上的"思考"评分。这张卡还包括员工在77个属性方面的评分，分为7大类。桥水基金公司的棒球卡是获得了专利的，但是雷很通情达理，允许我分享属性的一些关键类别以及每种类别下的许多属性。

- 五步法包括6个属性，其中的3个是：
    - ☐ 问题——感知它们
    - ☐ 问题——不容忍它们
    - ☐ 诊断根本原因
- 价值观基本面包括4个属性，与桥水基金公司的文化相一致，其中的3个是：
    - ☐ 相信事实
    - ☐ 追求卓越的动机
    - ☐ 正直
- 管理基本面包括15个属性，其中的5个是：
    - ☐ 把员工与岗位设计匹配
    - ☐ 深度探究公司机器的运作方式
    - ☐ "打破困境"
    - ☐ 愿意触碰神经
    - ☐ 要求员工负责

这些属性代表了对桥水基金公司实现预期成果来说必要的基本流程。或许，最艰难的一个管理基本面是如何组织好大量的高质量反馈谈话，因为这些谈话对桥水基金公司机器的运作很有必要。

- 思考品质包括17个属性，其中的7个是：
    - ☐ 了解自己不知道什么以及该做什么来弥补
    - ☐ 线性思考
    - ☐ 水平思考

- [ ] 逻辑推理
- [ ] 看到大量的可能性
- [ ] 应对模糊性
- [ ] 感同身受

- 桥水基金公司衡量的其他有意思的属性：
  - [ ] 管理冲突以得到真相
  - [ ] 快速从错误中学习
  - [ ] 坦然接受自己真实的样子，然后完善自己
  - [ ] 很好地倾听
  - [ ] 不畏艰险
  - [ ] 积极主动

每个属性的评分来自两个方面的评估，一个是员工的管理者和工作上关系密切的其他人做的评估，另一个是与具体的会议或工作项目相关的其他员工给的评估。评分人的可信度指数对所有反馈有参照作用。棒球卡也包括员工对77个属性的自我评分。

评分每天都计算，所以评分是实时的、不断变化的。属性得分还包括两个简表。其中一个是名为"依赖"的图表，指出的是员工在哪些属性方面得分足够高，可以委任那些需要这些属性的职位或任务。另一个是名为"小心"的图表，指出的是员工在哪些属性方面有缺点，哪些属性需要监督。

棒球卡包含的数据可以用来判定某项工作或任务是否适合该员工。这张卡也可用来发现行为趋势，追踪在克服这些缺点方面取得

的进步。这些进步趋势被编入正规绩效评估中,作为"改变速度"方面的数字评分反馈给每个员工。所有的这些数据随后都用来给每个员工算出一个总体评分,称作"缎带颜色"。每个员工还得到一个得分,标明其目前能胜任的管理水平。每个员工的棒球卡在公司内部可以公开查看。

这些数据都是从哪里来的呢?如上所述,每次会议结束时,与会者都要给其他与会者评分,这个过程称为"评分"。这些评分进入评分连接器数据库,这个我们前面讨论过了。

关于这些工具有一个很明显的问题:员工给老板或高级领导打低分时感觉自在吗?我只看过几位高层领导的棒球卡,也包括雷的棒球卡,获得的数据有限,但是从这些有限的数据来看,这个问题的答案是肯定的。例如,我仔细看过一位管理者写给雷的邮件,这位管理者在邮件中批评了雷在客户会议上的表现,评价及批评非常直接。我记得,邮件的实质内容说的是雷开会时没做任何准备工作,而且他讲的内容不清晰,语言丝毫未经组织。这封邮件和雷的回信都公开了。雷在回信中并没有为自己辩解。他接受并感谢这样的反馈,也谈了为确保这种行为不再发生要怎么做。他在信中也为自己让团队和公司失望作了道歉。

你在工作过的任何组织中有过类似的经历吗?我没有。你见过首席执行官向员工公开道歉吗?我也没有。你见过哪位管理者或领导公开谈论自己的缺点吗?还是没有。

有人或许想知道是否有人出于一己私利或怨恨给其他人打很低

的分。是的，这种情况有可能发生。但是桥水基金公司有两个流程赋予每个员工权利对其认为不公正的任何评分进行申诉。从文化的角度来讲，桥水基金公司是一个创意主导的集团。每个观点或判断要进行调查和压力测试。每个人有权利质疑任何一个判断，探究判断背后的原因，并判定这个原因能不能经受得住真理的考验。如果这种探究没有使各方意见"同步"，那么员工则有权"逐级"或向更高一级的第三方申诉。桥水基金公司把这个自动申诉的权利称为公司的司法系统。在和桥水基金公司员工讨论这个问题时，他们常常提醒我公司的整体文化是建立在"寻求真理"的基础上的。故意提交不合事实的评估都会面临被解雇的下场，因为这种行为严重违背公司的文化。

员工转型的过程

当然了，知道哪些缺点需要克服并不是全部，另一点非常重要的是转型——"到达彼岸"。为了解释桥水基金公司在这方面是怎么做的，我在下面的例子中记录了我所看过的桥水基金公司视频内容和我采访的内容，并做了分析。由于数据的隐私性和机密性，我虚构了人名和缺点。

"不知道"是一种自由

转型过程对摩根来说很难。她把转型过程描述为"全速往墙上撞"，把它看作人生中的一个转折点。摩根了解"不知道"和承认自己"不知道"有多么自由。一旦她认识到，"不知道"不会让她看起来很愚蠢，或者在别人面前显得很愚蠢，她就能真正解决问题。没有人什么都知道。

回想一下，桥水基金公司招聘的新员工一般都是在精英学校表现卓越的学生。他们的成绩取决于知道多少知识，地位和自我意象一部分取决于他人对他们聪明的评价，一大部分取决于别人的看法。这就需要他们经常设法表现自己。这也意味着要避免冲突，尽量讨人喜欢。

相反，要在桥水基金公司取得成功，员工必须承认他们并不是什么都知道，也并没有他们曾认为的那么聪明，而且他们必须公开地承认这些事。正如摩根所说："这改变了你的整个思维方式。这太难了，因为你很多个人的成功和认知都是原来的思维方式带来的。"

摩根进公司以来不断进步，成了一名管理者，但她仍经常收到言辞直接的负面反馈。作为一名管理者，她也必须给其他人做这样的反馈，所以必须提高情商，用可以帮助员工处理和评估反馈的方式来给他们做反馈。摩根通过观察别人、反复摸索和"深度关怀"等方法，学会了怎样做反馈——换句话说，就是具备了与接收反馈的员工感同身受的能力。

这个过程很艰难。给人消极的反馈很难，接收消极反馈也很难。一位桥水基金公司的员工曾说："指出事实比接受事实要容易得多。"而摩根则说，转型过程就是"在违背人性的同时又保持着人性"。

超越自我:"看轻自己"

我们本能地把冲突和消极反馈看作是一种威胁。这个威胁触及了我们的内心深处:它挑战我们的自我意象,会认为它是个人的失败。我们在身心上都对威胁做出回应,这会影响我们逻辑思考的能力。在很多情况下,我们的反应是要么战斗要么逃跑。在很多情况下,我们非常忧虑。这些反应都会妨碍我们变得思想开放,妨碍我们的认知过程,妨碍我们对反馈的理解。我们的本能反应则是保护、转移和否定。我们会感到沮丧、泄气和苦恼。

在桥水基金公司,为了反抗这些本能反应,很多人都会提到"超越自我"这个说法。"超越自我"的意思是试着超越情绪,看轻自己,好像自己就是一台机器。就是说,认真聆听反馈,好像反馈就是在描述机器某方面出故障了。"超越自我"就是指迫使头脑中有意识和有逻辑的部分来控制产生情绪反应的无意识部分。换句话说,不要让你的情绪劫持了你的思考。深呼吸,记住你身边有关心你的好人。

我经常听到这种讨论。在我反思在桥水基金公司的所见所闻时,我发现尽管获取的数据有限,但我们通常解决的共同缺点都是这些:心智高傲,冥顽不灵,不能考虑其他观点,害怕失败,害怕看起来没面子,把成功定义为总是自己一个人知道正确答案。

曾组成一个小团队的两名员工说:"真实的战斗是与我们自己做斗争,比如,自我、盲点、让潜意识的自我控制我们自己。我们需要其他人帮助我们认识到自己的缺点,帮助克服自我,帮助我们看到我们自己看不到的事情。我们学到的是，通过互相负责，我们帮助彼此变强大。"

"唤醒电话"

有时为了有一个反思的机会，桥水基金公司的谈话会暂时停下来，让大家跳出当下时刻，让情绪平静下来。反思的过程就是试着明白人们说了什么，为什么人们会给出这样的反馈，明白自己感受到的感觉以及它们的相对强度。有时候，要经过很多次谈话，员工才可以做到认真聆听并思考反馈。而在一些情况下，这需要一个"唤醒电话"，即直接叙述。在和一个叫作布赖恩的员工进行这样的一个谈话时，我们是这样开始的：

我们看到了你表现不好的四件事情。我们有模式，你为什么不执行呢？我们觉得，原因在于你防卫心理太强了。你有太多的不准确的观点，你对任何事都固持己见。你不知道你所不知道的事情。你的很多观点都没有一个合理的论据，但是你坚持到了最后，因为你不认为自己不懂那些。每个人都有缺点。每个人都会犯错。你不会因为犯错而成为一个坏人，你是一个普通人。成功的人都乐于从自己的错误中学习，对自己所不知道的有合理的认知，且力求弥补其中的差距。你的每个想法都不见得是深思熟虑的好主意，你没有那么聪明，也没有人那么聪明。你也不用知道所有的答案，你只须去寻找答案。你甚至不能彻底了解你所不知道的事情。你固执己见，对自己的观点太自大了。

面对这样直接的反馈，布赖恩挣扎了一会儿，然后回应说："我的自信心受到了打击。不知道一些事情是很可怕的。我不知道如果我不知道的话，我该怎么办。"这让我们的谈话话题变成了如何弥补不知道的东西。了解到减少"不知道"是有方法的，布赖恩松了口气。这类谈话很艰难，但是雷说他看到无数员工成功地"渡过了难关"。这场特殊的谈话是以雷的这样几句话结束的："布赖恩，你是难得的人才，在很多很多方面都很棒。我真心想要帮助你解决这个问题。"

布赖恩和他的团队，包括雷在内，很多天之后又聚在了一起。布赖恩以这样一番话开始了整个会议："我承认我在一些地方有所失职。我不能胜任其中的一些工作。"之后，整个团队成员一起讨论如何克服这些缺点，以及如何让布赖恩经过培训学着处理棘手的工作。

我很高兴地告诉大家，布赖恩依然在桥水基金公司上班，并且在一个重要的岗位上如鱼得水。我见过布赖恩，问他转型的经历对工作以外的事有什么影响。布赖恩的回答很有趣："我变成了一个更好的家长。我不会把孩子所犯的任何一个小错误当作不好的事情，而是把它看成一个学习机会。我试着教他明白，尝试做新事情或者失败都是没问题的，要试着承认错误，不要逃避错误。"

反思反馈谈话：我们是否同步？

桥水基金公司的转型过程是彻底透明化制度的一种内向引申。坦承自己的优点和缺点可以让员工发挥自身的优势，并在身边赢得一群信得过的人，这些人可以相互弥补他人的缺点达到互补。不可否认，这样可以让员工提升到一个更高的层次，而不是花费精力玩传统的成功游戏，不得不看起来像超人，没有缺点，不管是什么事情，总要成为一个"极其可靠的人"。

我认为这个内在的彻底透明化制度与前面章节所讨论过的专念和元认知、元情绪、元交流等元技能在很多方面都特别相似。这些技能帮助员工管理他们的思考、情绪以及向他人传递信息的方式。

在桥水基金公司，员工反思反馈谈话之后，"同步"过程开始。达到"同步"的结果需要的时间长短不一。这个过程就是尽可能客观地看待问题，然后就事实达成一致。

雷所说的和一个人同步指同意这个人讲的是对的。很多时候，同步需要时间和耐心，尤其是当一个人要面对缺点和不好的表现时更是如此。（请记住雷的公式：痛苦+反省=进步。）有时会议结束时没有实现同步，因为需要更进一步的反思。

这里讲一个我在桥水基金公司见证过的有代表性的会议。负责人是一个高级技术经理，会议讨论的是桥水专用苹果平板电脑工具的升级和用户界面的重新设计问题。

讨论结束时，雷对其中一个与会者讲道："简，我想和你探讨一下我们为什么没有达到同步。"一场艰难的对话就在整群人面前开始了。首席执行官格雷格·詹森曾一度介入，试图澄清这次谈话，因为很显然，简和雷在各说各话。雷同意格雷格所说的，他效率不高，而格雷格则试图率先澄清他所听到的事情。有趣的是，每个人似乎都明白，一旦这样一个谈话开始，那么只有双方达到同步了，或者很显然需要更多的反思，谈话才会结束。这场特殊的讨论持续了45分钟，最后简承认自己的一个缺点妨碍了她面对现实，会议才结束。雷表扬了她，并鼓励她继续努力解决掉这个问题。

我分享这个故事是想指出：雷和简的谈话没有涉及到那个会议上的任何事情，而是与一个没有解决的问题有关。对雷而言，对这个问题睁一只眼闭一只眼随它去是很容易的事情，然而，桥水基金公司彻底透明化的文化价值观以及雷坚持的不能因为问题太小而忽略掉的原则预示着这场个人谈话不得不发生。这个谈话在其他人面前进行并被录下来让任何员工观看，这突出了桥水基金公司彻底透明化的强度。

在我第二次访问桥水基金公司的那个早晨，我在参加的两场会议中见证了三次艰难的"同步"谈话。在这样的情况下，雷通过强调在与问题有关的事实上达成一致的目标，促进了谈话的进行。之后谈话继续进行，试图确认问题的根本原因。在桥水基金公司的"机器"范式中，根本原因只存在三个可能：设计不佳，能力缺乏，缺少培训导致绩效不佳。

下面是另外一个更详细的例子，讲述同步过程是如何进行的。这个场景中参与者是雷和我称为萨姆的一个员工：

雷：我们还没有达到同步。让我们来试着找出原因，好吗？

萨姆：好的。

雷：我们来讨论一下事实。（雷列出事实。）你认同这些事实吗？

如果不认同，为什么？

萨姆：我不同意，但是我不知道为什么。

雷：别急着想你自己的观点，试着去理解这些事实。事实合乎常理吗？里面有证据吧？

萨姆：你的机械式思考方式让我很难受，我要采取自动的思考方式。

雷：你必须提升自己的思考方式到更高的水平。抛开你自己——设想不是萨姆在和我谈话。把事实想象成是其他事情，跟你无关。现在，你怎么看待这件事呢？

（许多分钟过去。）

雷：你认同这些事实吗？

萨姆：认同。

雷：我们现在谈一谈我们各自认为导致这些事实产生的问题是什么。

（你来我往的良性谈话就此开始。）

雷：我们一起来想一想：这个问题多大程度上是设计的问题，就是说你处在一个不合适的岗位上？多大程度上是萨姆自身的问题，就是说你必须自己解决的问题？我们的目标是理清你怎样才能更成功。这是我们双方都想要的。

萨姆：我同意。

雷：我们达成了一致。那就让我们在将来的某一天继续讨论这个问题吧。

这种类型的谈话多少年来一直在桥水基金公司上演。我认为，一个人越回顾这个过程，他就越有可能明白每个人都会经历这个过程，从而减轻自己是被单独对待的感觉。然而，我所见过的在桥水基金公司任职超过5年的管理者几乎没有人认为，随着经验的增加，这些谈话会变得容易多少，但是他们都承认，在进行这类谈话时，自己变得越来越自在，对于处理好它们有了自信。他们也都认为，个人和组织因此有可能获得的进步让人觉得痛苦是值得的。

艰难谈话的目的

和员工进行艰难的谈话，对管理者来说是挺困难的。大多数人都不能坦然应对那种情形。当桥水基金公司的管理者发现自己很害怕进行这种类型的谈话时，他们要经历另一种转型过程。一个管理者说："人们太过于胆小。"雷和其他资深领导者会指导管理者如何渡过这一转型过程，但是，每个人的指导方式都会不一样。保持冷静状态，慢慢讲话，不提高嗓门说话，注意肢体语言、面部表情和音调的转换，这些细节提供的信息都可以让你判定谈话将怎样继续进行，第一次和第二次谈话会持续多久。重要的是要关心员工，让员工知道，每个参与进来的人都想要帮助他们解决这个问题。

在这些类型的会议上，雷不断重复说："我们免不了要进行痛苦的谈话。我们都在和我们的自我、盲点以及下意识的自我做斗争。我们需要他人帮助我们认识我们的缺点，从而超越自我，看到我们自身所不能看到的事情。我们通过对彼此负责的方式所做的事其实就是在帮助对方变得更强大。

有意义的工作：把合适的人放在适合的岗位上

雷对成功组织的定义是拥有快乐的员工（有意义的关系）和卓越的成绩（有意义的工作）。为了实现这个目标，组织必须要把合适的人放在适合的岗位上。因为即使你有合适的员工，也帮助他们转型，但是如果你把他们放在了不适合的岗位上，一切都将是徒劳。

因此，合适的员工一经录用，桥水基金公司的主要任务是决定怎样安排他们的工作，让工作岗位最适合他们的属性和能力。这个不容易办到，需要做很多工作。为了做到这点，桥水基金公司先是进行不断地分析，然后建立岗位简介来决定每份工作的"员工要求"，而接下来的工作则更有挑战性，那就是搜集可以说明员工属性和能力的数据。

雷相信，每个员工都是很多属性、能力、价值观以及固有的心理倾向的综合体，是独一无二的。桥水基金公司怎样才能更加科学地——更加以数据为基础——而不是凭"本能反应"把合适的人与适合的岗位匹配起来呢？这最终归结于用最好的可用的数据来做出判定，但也要求桥水基金公司不能丧失其人文关怀，即"有意义的关系"的目标。人们不能变成适合机器的可替代的物体或小配件。

在桥水基金公司，雷不断地强调：人有差异——他们独特的思维方式、看待世界的方式——是好事，因为并非所有工作都是一样的。正是这些差异才把不同的想法、不同的观点聚集到一起，从而对观点进行压力测试，为组织创造最好的成果。其中的挑战是，要教导人们互相接受对方的独特性和独立的见解。

在管理准则第44条、45条中，雷说要"认识到，人们天生就各不相同"，要"思考他们不同的价值观、能力和技能"，表达的就是上面所说的观点。按照雷所说：

> 价值观是激发行为的根深蒂固的信念；人们会为自己的价值观奋斗，价值观决定了人们是否能够和睦相处。能力是思考和行事的方式。一些人非常擅长学习，可以快速地处理问题；一些人则拥有常识；另外一些人的思考非常有创造性，或者更有逻辑性……对于你们来说，重要的是要知道每个岗位需要哪些品质组合，更广泛地说，你可以和谁建立成功的关系。

雷劝诫管理团队"要始终警惕不称职员工过多的'笨蛋充斥'现象出现"。随着公司发展壮大，特别是公司的快速发展，公司应该在员工招聘方面花时间，应该招聘到合适的员工，这对于涉及到的每个人来说都是最好的，因为处理招聘失误是一个很艰难的过程，没有人会喜欢。

除了通过合作的、可评估的、彻底透明化的流程来确定每类工作岗位需要什么和建立每个员工的精确档案这两个项目，桥水基金公司第三个正在进行的项目则是在当前每个岗位中挑选多个模范员工，建立一个匿名的综合档案，记录他们的价值观、属性、能力和心理倾向，在招聘员工和安排合适岗位时可以派上用场。

这个"模范员工档案"有两个用途。第一，它是岗位描述过程的质量控制检查。如果某个具体工作类别里的模范员工档案和管理者建立的职位描述有出入，那么就是设计出现问题。第二，匿名的模范档案可以用在招聘过程中来和应聘者的心理分析结果、面试评估做对比。换言之，对于一份具体的工作，这个问题就变成：这个特别的员工跟模范综合档案里的简或鲍勃像吗？

其他一些组织也尝试了这种科学的招聘和员工安置方法。桥水基金公司的方法有趣之处在于他们搜集的每个员工的数据的深度和三角化处理法。模范员工的数据在数量上和质量上都是很高的，可以和相似岗位的其他模范员工作比较。我还未见过其他任何组织做这种投资，在这么多属性方面搜集如此多的个体员工评估数据，也没见过其他任何组织通过此等三角化处理法对结果进行压力测试。桥水基金公司实际上是在试图创造一种招聘算法，增加为职位找到合适员工的可能性，增加把现有员工放在可发挥其优势的岗位或促进其优势发挥的可能性。

在第二部分的开篇，我鼓励保持开放的心态，并建议你在读企业故事时心中记住两个问题：作为个人，你可以学到什么来帮助自己成为更好的学习者？作为团队的一员、团队领导者、团队管理者

或者任何组织的领导者，你可以学到什么来帮助你的组织成为更好的学习者和更有效地完成任务？

我希望桥水基金公司的介绍可以在你考虑这些问题时引起你深思。桥水基金公司的故事和大多数人的工作经历有极其惊人的不同之处。它给我的学生带来的挑战实在太大，他们本能的、消极的反应竟然让他们得出不想在桥水基金公司工作的结论。我的许多学生都有和桥水基金公司员工相似的背景，他们反应激动，担忧在桥水基金公司的环境中会表现如何。你也这样吗？

如果你真的对学习的科学、促进学习的环境以及如何缓解学习的抑制性因素感兴趣，桥水基金公司就是把这些付诸实践的优秀案例，是唯一一家直面我们"天性"的商业组织。

要明白，桥水基金公司无论如何也不是完美的。它仍然在不断进步。坦率地讲，在不断进步的欲望驱使下，它终将会变得完美。在业绩的基础上，桥水基金公司已经成功地把组织、个人的学习提升到一个更高的层次。正如两位桥水基金公司员工所说："桥水基金公司就是一个伟大的实验，在违背人性的同时又保持着人性。"

付诸行动

1. 至少两周内坚持每天一次好好阅读所学习的内容，阅读完或记笔记后，写下至少五个主要观点。

　　_____
　　_____
　　_____

2. 针对每个观点，写一个可以解释观点的形象比喻，更好地运用到工作生活中，或者与他人分享。

　　_____
　　_____
　　_____

3. 上一次你严肃检讨自己是什么时候？学习桥水基金公司的做法，用三句话概括出你的最大收获，并大声说出来。

　　_____
　　_____
　　_____

第十章

创新快速而低成本的学习流程
——财捷集团成功案例

很多成功企业的首席执行官或董事经常问我:"我们怎样可以改变员工的行为,从而让我们所有人都成为更好的思考者?"在一个成功的公司里改变行为和思考方式是一个挑战,因为很多员工会以这样的心态做出回应:"又没有出现问题,为什么要做改变?"

财捷集团是一个很成功的上市公司,过去的七年里,它一直致力于这种类型的变革项目。财捷集团已经创立了一种公司性的创新文化,并把实验变成了决策流程的关键部分。为了做到这点,财捷集团已经建立了一个新的学习流程,改变了做决策的方式以及决策应该达到的水平,改变了领导者的行为。这些并不是一些小的举措或简易的任务,尤其是财捷集团是一个上市公司,它在决定转型时既没有面临危机,也不是处在危急关头,转型更是不容易。我鼓励你在评估财捷集团的转型计划实施得如何时要记得这一事实。

财捷集团有超过42亿美元的财务收入和8000多名员工。它面向客户、小型企业、会计人员以及金融机构研发并销售金融、税务和会计类软件解决方案。它的产品包括家庭及个人财务管理软件Quicken、小型商务财务软件QuickBooks以及税务软件TurboTax。财捷集团创造的利润率高于30%,在过去的十年里一直被评选为美国最适合工作的公司之一。财捷集团一直是市场领导者,也是一个持续高绩效的公司。它目前的发展方案包括把"软件即服务"产品扩展到细分客户群,进军移动解决方案领域,把产品移到云端。

创建财捷集团的想法是财捷集团联合创始人斯科特·库克于1982年提出的。

库克是哈佛商学院的高材生,曾在宝洁公司工作过,并在贝恩咨询公司做过顾问。他发现妻子西涅·奥斯特比(Signe Ostby)在支付和追踪账单时非常沮丧。他和他妻子的姐姐开始跟人们讨论支付账单的问题,发现很多人都有类似的沮丧情绪。这就激发库克开始雇佣斯坦福大学工程系的学生汤姆·普罗克斯(Tom Proulx)来开发软件解决问题,后来发展成了现在的财务管理软件Quicken。库克和普罗克斯在1983年创立财捷集团,1993年上市。

从一开始,财捷集团就是一个以消费者为导向的产品研制型公司,这与库克在宝洁公司的工作经历有一部分关系。在宝洁公司,库克曾接受培训对客户做跟踪回访,通过感同身受地观察客户、和他们谈论使用产品或执行任务时的感受来收集对客户的深入认知，以便于发现"痛点"。受到这种心态的影响，财捷集团的重心一直是让客户和小型企业在使用金融、会计和税务流程中更加容易，财捷集团的使命是："深刻改善财务生活，让旧方式无法回头。"

起初，能把财捷集团的关键客户价值区分开来的是其"易用性"。然而在21世纪初期，财捷集团发现易用性这一产品区分点已经没有过去那么强大。这个发现来自于财捷集团的客户净推荐值——它显示当前客户向朋友推荐产品的可能性的指数。财捷集团的客户净推荐值增长没有达到高管们的期望值，迫使库克和其他高管们回过头去重新评估。财捷集团需要把策略提高到更高的层次吗？如果需要，它要如何完成这个转型？

财捷集团的领导团队决定，转型的确很有必要，财捷集团也需要向客户提供更多服务以保持其市场领先地位。财捷集团需要更多强有力的产品区分点，易用性仍然是必需的，但是还不够。财捷集团必须重新思考如何进行产品研制，必须找到不同的流程来驱动新的思考和学习方式。

一些新加入财捷集团的高管们成为了转型故事中不可或缺的一部分，比如首席执行官布拉德·史密斯和设计部副总裁卡伦·汉森。史密斯在2003年从世界最大的业务外包解决方案提供商ADP来到财捷集团，之前在ADP是市场营销和业务发展部的高级副总裁。在任职ADP之前，史密斯曾在百事可乐、七喜和广告媒体公司Advo等公司担任过销售、市场营销和一般管理职务。汉森是斯坦福大学的实验心理学博士，在2002年加入财捷集团。2007年，她被推选负责财捷集团在全公司进行转型所需要的新学习流程的研制和推广工作，财捷集团的转型工具"愉悦式设计"以及快速实验的重要要素都是由汉森和她的团队最终负责的。

"愉悦式设计思考"

"愉悦式设计思考"是财捷集团转型过程中第一步的成果。汉森曾受邀加入一个小团队帮助设计一个新的产品区分点，经过一些小团队会议以及管理团队的后续会议讨论，四个重大决定出炉：第一，财捷集团的新产品研制目标将是研发可以让顾客在情绪上感觉愉悦的产品。第二，"设计思考"——一种传统上的设计专家用来探索、发现和生产创新性新产品、服务或解决方案的方法论——将是财捷集团用来发现愉悦感的学习流程。第三，公司把这个新项目称为"愉悦式设计"（后文简称D4D），把D4D作为公司新产品研制过程中的有机部分。第四，D4D将在财捷集团范围内推广。财捷集团宣称的目标是进行客户导引式创新，即"寻找一个我们和我们能够利用的人可以通过持久优势解决的重要问题"。为实现这个目标，财捷集团的做法是，"提供令人惊叹的产品使用体验超越客户期望，激发客户在产品使用中产生积极的情绪，让他们想告诉世界他们的体验"。

D4D的成功有两点至关重要：全公司上下对D4D的认同以及库克和史密斯的积极投入。财捷集团有很多不同的产品研制和项目管理流程。工程师对这些流程非常熟悉，在流程中感觉自在，对它们非常了解。让他们转换成D4D的心态，把设计思考工具加到他们的技术系统中，肯定是很不容易的。改变流程算是比较难，但是改变人们的思考方式更难。并且，改变人们的行为方式甚至比这些更艰难，尤其当原来的行为方式给他们带来了个人的成功时。

设计思考不同于广泛应用的产品研制阶段关卡或瀑布式流程。设计思考的目标是帮助探索并发现隐性的顾客需求，运用设计技术创造创新解决方案。设计思考并不是线性的、底线分析式的思考流程，它需要的是一种通过实践不断学习到的不同的思考方式。最终，设计思考成为一个人技术系统中的一部分，并被运用在适当的情景中。然而，要彻底转型为财捷集团希望的那种设计思考驱动的流程，需要好几年时间，需要耐心，需要坚持，也需要高级领导层的参与投入。

汉森的设计创新团队很了解这一点。汉森相信，设计思考可以让很多人大开眼界，并且公司自身运用设计思考也会产生"愉悦感"。然而，她的团队也很明智，他们懂得，为了使人们应用设计思考工具，这些工具必须简单易用。作为一个受过培训的心理学家，汉森也懂得，在改变人们习惯的思考方式时，如果要求学习的只是几个关键概念，那么改变就会很容易。最难的一步是让人们来尝试使用设计思考工具，只有通过实际使用这些工具，它们才能被学习和欣赏。

汉森在制定这个流程时思考得很系统。开始时，她从公司中挑选十个人，作为财捷集团其他员工的设计思考教练、推动者和导师，他们被称为"创新催化师"。这个创新催化师的项目进行了一年时间的试点试行，之后，在苏珊·裴里肯的领导下，发展成为有200多名员工的团队。此外，财捷集团采取系统方法在员工中渗透D4D。第一，高层领导也参加D4D的培训。第二，把财捷集团的文化重新定义为"创新文化"，强调创新作为公司关键原则的重要性。第三，给员工宽裕的时间寻求创新的想法。第四，组织"点子对对碰"活动，并给那些最具前途的想法颁奖。第五，在财捷集团网站上，公司创造了一个"创新网络平台"，收集创新故事、创新访谈、创新范例以及库克和史密斯的博客。

D4D发展成了一个三方面相结合的流程，这三方面指：

1. 更深刻的客户同理心：心态开放，不轻易做评判，管理自我，从而更好地观察客户需求并依据客户需求采取行动；

2. 先宽后窄：用直率的、没有偏见的方式获取更好的客户洞察力，探索多种可选方案；

3. 快速实验：快速而低成本地测试新想法，对于在早期阶段试验中证明是最成功的想法进行进一步的研发。

在流程的每一步中，观察、倾听和协作都是必要的技能。另外，为帮助实现"深刻的客户同理心"和"先宽后窄"的做法，汉森的团队发明了一些定制的D4D设计思考工具。

"精益实验循环"

尽管D4D创造了很多好的想法，财捷集团还是需要一个流程来快速而低成本地测试这些想法。更进一步说，新想法的测试能促进反复学习，从而让最好的想法跳出来，得到进一步发展，最终推出新产品。财捷集团把这个测试想法的方法称为"快速实验"。这个方法的目标是把测试过程制度化，使其成为财捷集团的决策工具。正如汉森所说："一切都是实验。"

成功的企业家依赖的是尽快与顾客进行快速而低成本的实验。汉森和她的团队吸纳了精益创业的理念，并且在运用财捷集团"易用性"的核心原则基础上，设计出了财捷集团版的客户共同创造实验性流程。这个流程简单易用，便于在财捷集团推广。精益创业法、财捷集团的快速实验流程以及学习性启动法这三者背后的基本理念都是一样的：与潜在顾客一起快速而低成本地测试创意。这个流程需要"揭秘假设"。

2012年，库克用这样的方式解释了快速实验的重要性：

为了在创新时代繁荣发展，公司必须改变决策方式和领导者的领导方式。为了做到这点，你必须把你的决策方式改为我所称的实验式领导力，就是说，抛开政治和幻灯片演示文稿，让想法自己证明自己；让客户用行动证明，而不是让老板说了算；让创新者而不是让掌权集团制定议程。

……在信息时代，领导者的角色是建立系统和文化，让每个人，甚至是刚入职的新员工，能够快速而简单地在真实的顾客身上做实验——真正的实验。如今，这意味着公司必须消除自然存在的障碍，让人们能够在真实的顾客身上进行实验。也就是说，公司上下的大型团体必须加入到消除障碍的行动中来。

让我们来稍微反思一下库克说的这些话。库克用了有趣的短语"实验式领导力"来描述他主张的领导方式，尽管公司、投资人和员工渴望的是能使商业稳定发展的领导者。然而，我认为库克并不是说稳定不是如今商界的目标；我相信他所说的是，财捷集团要通过把实验作为关键的学习流程来把公司变成一个持续学习型的公司。正如他的观点"抛开政治和幻灯片演示文稿，让想法自己证明自己"所表明的，财捷集团是在努力创造一个创意主导的集团。有趣的是，你或许记得，这一点也正是桥水基金公司引以为豪的。

自2007年以来库克和史密斯在传递财捷集团转型信息时使用的语言在不断演变，非常有趣。在一次关于埋葬"现代凯撒"——决定所有的决策是通过还是不通过的老板——的谈话中，史密斯解释了财捷集团管理方面的改变："在财捷集团，我们要求所有的领导者努力创造并拥护那些能够让任何员工快速低成本地进行实验的系统。决策是通过实验做出来的。最好的想法可以证明它们自己。"

库克之所以推动创新者制定议程，尤其和下面的这个故事相关，这个故事是库克最喜欢的财捷集团改变自身文化的例子之一。在印度，一家公司要求员工寻找创意来改善他们国家人民的财务生活，一个由年轻员工组成的创新团队提出的想法是把注意力放在构成印度二分之一人口的农民身上，但是印度的老板对这个想法不感兴趣。然而，根据财捷集团"凯撒已死"的新原则，这些年轻的员工自己做研究并花时间接触农民，去理解他们面临的商业挑战。

他们了解到，农民不知道把自己的农产品拿到哪个市场才能卖到最高的价格。相反，他们只会简单地猜测。并且，由于交通不便利，一旦他们决定把产品送到某一个市场，就不可能在同一天去另一个市场。而且，当他们到了市场，他们没有市场价格的任何信息，所以也没有讨价还价的参考。

这个团队问公司，是否可以有办法得到价格信息并将信息以短信的方式发送给农民，他们依然没有得到老板的积极鼓励，得到的只是他们的想法行不通的原因。尽管如此，这个团队还是坚持不懈，并开始做实验。他们进行了10多个实验，最后发现，批发商会给一个研究人员报价，所以农民可以用这些信息去更好的市场并协商出更高的价格，而更高的价格会直接转化成为更高的家庭收入和机会。

如今，财捷集团向农民免费提供了这种名为"财捷Fasal"的产品，目前有超过160万的农民在使用它。Fasal以当地农民的语言向农民发送相关谷物的价格和市场情况等定制信息。此外，财捷集团还设立了一个免费的Fasal集市，买方和买方的代理人可以直接将他们的购买需求与农民的产品相匹配，并锁定产品和价格，这样就架空了批发商，为个体的农民创造了更多收入。利用Fasal数据库网络，财捷集团给广告商提供帮农民营销他们产品的机会，进而继续每天向更多农民提供这项免费服务。

在这个例子中，印度的高级管理层告诉年轻创新者们他们实际上是在浪费时间，但是尽管如此，年轻的创新者还是进行了实验。库克和史密斯已经把这个故事当成了这样一个典范：直线员工如何创新，D4D流程如何快速而低成本地测试那些关于在物质上改善人民生活的产品的新想法。财捷集团的新文化赋予了员工使用D4D流程的权利。

很显然，快速实验法是迅速开始测试好想法的好方式，但是快速实验流程是如何具体发挥作用的呢？财捷集团的快速实验流程和很多公司用来决定哪些想法可以获得资金资助的传统商业计划流程有非常大的不同之处。传统的商业计划流程通常注重市场分析，注重创造详细的财务预测来判定投资金额的分配，重点在于对投资判断的分析，流程通常有规避风险的色彩。

相比之下，快速实验法是向客户快速学习的需求驱动下的一个快速而低成本的实验流程。它的首要重点是让客户深度参与，而不是进行财务分析，详细的财务分析推迟到了流程中很偏后的阶段。小团队运用财捷集团的快速实验流程来测试新想法。正如下页图所表明的，这个流程有四个不同的步骤：（1）想法；（2）信念转变；（3）实验；（4）学习。

"想法"这一步寻求的是回答三个问题：谁是客户？出现的问题是什么？可能的解决方案是什么？

"信念转变"这一步需要团队进行"揭秘"，并就那些必须成立才能保证想法起作用的最重要的客户行为达成一致意见。这个揭秘流程类似于学习性启动揭秘过程、"丰田5问法"以及桥水基金公司的根本原因分析流程。

"实验"这一步，需要设计一个最起码能测试信念转变的假设

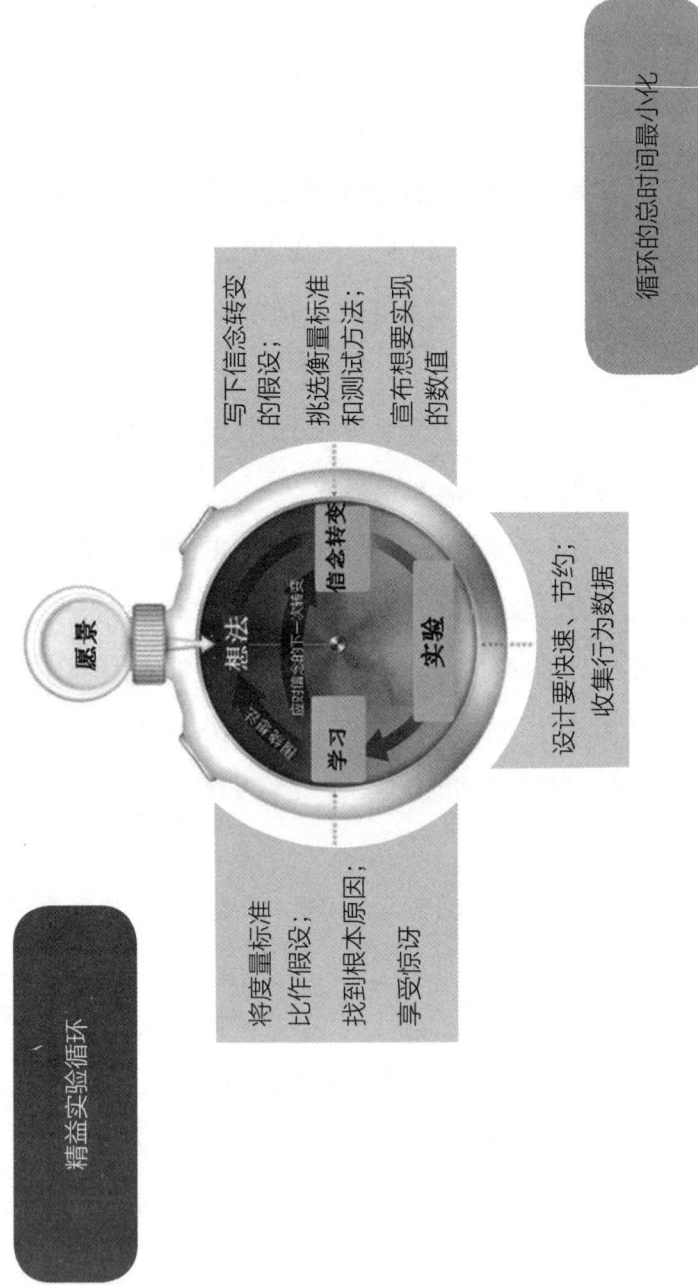

图片来源:卡伦·汉森《创造快速实验的文化》,品牌创新技术会议报告,2013年3月4日,幻灯片分享:www.slideshare.net/IntuitInc/creating-a-culture-of-experimentation。授权使用。

的快速实验。它要求记录这样的假设:"如果我们做了X这件事,那么Y%的客户会采取Z行为方式。"在进行实验之前,团队必须设定最低数量的成功标准——他们期待出现的行为以及所出现行为的数量。为成功标准的数量设定一个最小值的好处是防止实验人员过早结束数据的收集工作。但是它也有一个风险:实验可能会变得更加注重达到数据的数量而不是数据的质量。这个风险必须进行控制。

财捷集团的"学习"这个步骤,指的是:研究从实验中收集到的数据,注重研究假设得到或没有得到证明的原因;产生了什么惊讶的事情;可以从惊讶的事情中得出怎样的客户洞察力。这便是学习的部分。接下来就要决定是改变这个想法(转变)、继续(坚持)实验这个想法还是抛弃这个想法。

财捷集团不仅承认而且接受这样的事实:许多实验会失败,因为它们不能证明最初的假设。为了向员工清楚地说明这一点,财捷集团的《快速实验实践指南》解释说,实验的目的是促进能帮助做出更好决策的学习——而不仅仅是证实假设。具体说来,《快速实验实践指南》列出了要做实验的以下几点原因:它是把想法变为现实的方式;它要么证明要么不证明假设;它允许人们发现和顾客有关的惊讶的事情;它会产生可以做出可靠决策的数据;这些数据还可以用来创造与想法相关的故事。

库克一直看重这些惊讶之事的重要性。一个公司发展早期的令人惊讶的事情对个人财务管理软件Quicken演变为商务财务软件QuickBooks起到了关键的作用。库克和他的团队"知道"Quicken

是为客户设计的一个产品，然而，他们很惊讶地发现Quicken的很多用户都是小商家。很多年以来，团队一直忽略了这个事实。最终，他们分析这些数据，并发明了QuickBooks来更好地为小商家这一庞大的细分客户群服务。在最近的一次会议上，库克说："实验的一个关键好处在于它让你很早就发现惊讶的事情……因为规模小，你很早测试重要的假设，你会发现惊讶的事情……并且，你想要尽可能早一点发现这些惊讶的事情。"我认为在认识到个人的假设是错误的时候会发现令人惊讶的事情。

　　财捷集团努力地把实验的目的从证明假设是错的转变为揭秘惊讶的事情。惊讶的事情提供的是意想不到却可能有价值的数据。库克欣然接受这些惊讶事情的价值并说："惊讶的事情会发生，有时正是市场想要提醒你，告诉你一些你不知道的事情。"库克关于惊讶的哲学和第七章讨论的克莱因的"洞察力"流程是一致的。

　　认识到惊讶的价值需要有接受力强的观众。有时候这意味着要对领导者和管理者进行再培训，他们必须学习如何在最大化惊讶价值方面发挥关键作用。证明假设是错误的不能认为是个人的失败，这一点至关重要。也就是说，领导者必须降低认为想法不行的个人成本。在财捷集团，对快速实验来说必要的态度和文化是只要公司可以从实验中有所学习便没有失败可言。失败可以产生新的洞察力，而新的洞察力可以产生新的实验。

　　史密斯曾说过，当他和员工研究实验结果时，他采用以下问题：

　　1. 从好的方面看，什么让你感到了惊讶？你发现能让好的这一面达到期望值的因素是什么？

2. 从不好的方面看，什么让你感到了惊讶？你发现导致产生消极的惊讶事情的原因是什么？

3. 什么东西在阻碍你实现目标？

史密斯的问题强调了实验的另一个关键点。在大多数情况下，我们有很多想法，多得像海滩上的沙子一样。创新是一个庞大的过滤流程，拿成百上千个想法来进行实验，只产生几个发展项目，而这几个项目可能产生一个很大的新S型曲线，或者如与我曾共事过的一个首席执行官所讲的那样，产生一个"刺激原动力"。因为我们的想法只是想法，仍有很多我们不了解的东西。大多数情况下，未知的事情会超过我们所了解的事情。做实验的目的是，发现和寻找可以减少未知的数据。随着史密斯对问题进行梳理，发现的数据就显示出了积极或消极的性质。

在快速实验的首次展示中，汉森说，她意识到学习这一流程的唯一方法是实实在在地做实验。"边做边学"已经成为财捷集团的口头禅。我的"学习性启动"经历也证明了这一点。我发现，团队需要完成三个"学习性启动"才会对流程感到自在舒服。如果你们想要高层管理者真正明白你的实验流程，你必须让他们也用它来做实验。财捷集团就是这样做的。快速实验是职员开会之外的重点，也是领导团队开会之外的重点。从很多方面来讲，让领导层"参与其中"对文化、言语以及认同等这些方面至关重要。

库克反复强调，实验必须成为财捷集团核心的决策模式，现在看来，财捷集团已经在快速实验的推广方面取得了进步。财捷集团在2012年进行了1200多项实验，2013年则进行了2400多项实验。很多产品部门和其他非产品部门，比如法律部、人力资源部以及其他服务职能部门等，也做了快速实验，表明客户可以是财捷集团内部的，也可以是外部的。

学习始于顶层："360度评估法"

在财捷集团的转型故事中，另一个重要的借鉴之处是库克的个人学习经历。库克坚定地认为学习始于顶层，领导者和管理者必须在他们要求员工做到的行为方面做出典范。库克在一篇博客文章中说："一个公司里，需要学习和成长的最重要的人是首席执行官……如果你不这样做，你的公司将会灭亡。"库克的观点让我产生了共鸣，我的经历也证明，最成功的学习型组织的领导者都有强烈的好奇心并热爱学习。

"你必须有一个员工能给你讲未经修饰的事实和结果。"库克的这一说法与吉姆·柯林斯《从优秀到卓越》一书中伟大的企业必须"面对残酷的现实"这一观点不谋而合。创造相互负责、允许自由发言的文化，对领导者获得反馈——包括不好的反馈信息——是特别重要的。库克讲了他逐渐自在地接受反馈的经历：

你需要不断修正自己的行为……如果你是一位首席执行官，你今天做不到这点……你的员工也不会做到这一点，因为这不是员工对待老板的方式……这个人可以是一个董事会成员……一个局外人……一个行政助理或者某个知道每个人的事情且有胆量告诉你真相的员工……我们有一个高管教练帮助我们的一些主管成长……八年前……我请这位外部高管教练来做同样的分析,所以他就去了,做了一个"360度评估",找与我共事的员工谈话……然后给我讲他的分析……他的分析就像一吨砖一样砸醒了我。有很多要整改的地方一直在延期……我一直以来都把事情搞砸了……我走出去告诉与我共事的团队,嘿,我决心要做改变……我需要你们的帮助。他们没有起到那么大的帮助作用……大多数人不会向老板说任何负面的事情……从此以后,我一直跟那位高管教练共事。我们现在大概每两个月见一次面。

你经常听到首席执行官说360度的反馈让他大为震惊,并且承认他"有很多要整改的地方一直在延期"吗?甚至有多少顶级管理团队会进行严格的360度评估流程呢?但是这个流程非常重要,让我惊醒了,因为它帮助澄清了任何领导者都是"全知的"且有"正确的答案"这样的观点是多么荒唐可笑。并且,这个流程应该让人产生谦逊的态度,谦逊的态度有助于"系统2"思考和"系统2型"谈话。

和库克一样,史密斯必须开发属于他自己的用来培养财捷集团新学习环境的方法。他在财捷集团的会议上描述这个方法时说:"人们需要知道,寻求帮助是优点的体现而不是缺点的体现……坏消息应该比好消息传播得更快。"为了让他的团队成员都知道这一点,史密斯说他在团队会议上问员工以下三个问题:

1. 如果_____，这将是一次成功的会议。（团队成员填补这个句子。）

2. 在哪一点上，团队一直在挣扎，或者说团队最缺乏信心？

3. 在哪一点上，我最能帮上忙？

2013年6月，史密斯写了一篇公司博文描述了他如何分配自己最有价值的资源——时间。这篇文章很有启发性。他将自己的计划称为"40—30—20—10计划"。意思就是，40%的时间花在公司经营上；30%的时间花在培养组织能力和领导者发展方面；20%的时间用来走出公司向他人学习；10%的时间用来请个人教练和导师指导自己的个人成长和发展。为了对自己负责，史密斯按季度给自己评估打分。

总的算起来，史密斯至少把30%的时间用在了向他人学习和自我发展方面。这一点很有趣。你花多少时间走出去向其他公司学习呢？你花多少时间来克服自身领导力方面的缺陷呢？史密斯的做法跟桥水基金公司的创始人雷·达里奥——跟桥水基金公司的其他所有人一样——做问题日志诊断卡和棒球卡有相似性。雷的问题跟最年轻的员工的问题一样，对桥水基金公司的每个人都是"彻底透明"的，他自己也遵循其他所有人参与的同样严格的流程。

库克、史密斯以及达里奥都用他们自己的方式理解自身的局限性，并且很自在地向他们自己和世界坦承自身不够优秀。同样重要的是，他们讨论事实的方式和行为范式都与X理论的领导者不一样。如果你想成为学习型组织或组织中学习型团队的一员，我建议你照一下镜子面对现实。

你是一个好的学习者吗？

你花时间下功夫去克服自身的缺点吗？

你有没有像库克和达里奥那样让自己参与由员工进行的评估流程？如果没有，为什么？

我曾花很长时间和高层管理团队讨论360度评估的做法。那是寻找真理的时刻。大多数人都害怕那些结果，大多数人没有勇气迈出这一步。在我采访那些还没有和我共事过的首席执行官时，我会问他们：你有哪些目标？你想尝试改变或促进的行为有哪些？许多人回答："我需要把我的员工管好。"以我的经验，采取这种方法的首席执行官一般不愿意谈论管理自己的事情。我们发现，不能面对关于自己的残酷现实，其实就是一种自我防卫的表现，对学习有妨碍作用。

财捷集团已经开始了在拥有8000名员工的组织上下进行学得更好更快的任务。公司领导对这个任务充满热情，在整个过程中积极投入。财捷集团和它的领导把D4D和快速实验当作关键的学习流程。财捷集团的故事富有指导意义，主要体现在：

第一，成功的企业要变革文化是需要时间的，并且只有管理高层热情坚定地参与投入,在期望出现的新行为方面树立榜样,变革才能成功。库克和史密斯他们亲自寻求向他人学习,抛弃"全知型领导者"的虚荣,认为缺乏知识并不是缺点。他们积极地从他人那里寻求反馈,从而学习如何变得更好。跟雷·达里奥一样,他们乐意接受惊讶(失败)就是学习机会这样的事实。

第二,进行快速而低成本的实验是在组织中推广学习的一种低风险的方法。在财捷集团,如果实验失败,快速实验法则帮助管理了财务风险,缓解了员工的职业风险。

第三,学习是一个反复的过程,需要各种能力,其中包括:高质量的思考,高质量的学习型谈话,心态开放,管理自己的情绪和自我防卫系统。

请思考一下:库克、史密斯以及达里奥是哪种类型的领导者?透明型的?真诚型的?谦逊型的?全知型的?X理论还是Y理论型的?精英主义型的?能够用有意义的方式让员工参与投入型的?

付诸行动

1. 每天一次，从你的工作日志或者笔记中挑出需要改进或加强的地方，然后按照学习到的学习方法，做从思考方式到具体行动的转变。

_____
_____
_____

2. 按照上述做法坚持两周后，将前两周学习的材料进行分析和总结，看看那些做的很好，哪些还停滞不前，哪些有一点小改变，都是因为什么。

_____
_____
_____

3. 坚持四周，测试一下，你的能力、你的同伴关系、你的团队工作激情等是否有令人惊喜的变化。坚持下去，直到运用自如。

_____
_____
_____

第十一章

从错误中学习
——联合包裹服务公司（UPS）成功案例

联合包裹服务公司作为一个高效学习型组织成功进行了发展和推广——100多年前从低微起步而如今已发展成为一家上市公司、一个全球商业巨兽。我之所以选取联合包裹服务公司作为本书的案例，原因是：这个案例强有力地解释了一个通过以员工为中心的政策和技术构成的体系，如何驱动持续性学习、进步和适应，从而在规模和经营方面取得卓越表现。公司建立以员工为中心的文化，是为了满足个人的自主需求和个人成长需求。从这个方面来讲，联合包裹服务公司和戈尔公司、丰田公司很相像，因为三家公司都和员工之间有一种心照不宣的契约——员工通过高绩效表现而赢得成长和发展的机会。在联合包裹服务公司和戈尔公司，这种晋升的可能性是通过"内部晋升"政策实现的。

1907年，联合包裹服务公司作为一家提供信使服务的公司在美国华盛顿州西雅图成立，到2012年，已赫然发展成为全世界最大的快递公司，营业收入达541亿。鉴于公司的巨大规模和复杂性，我们可以说联合包裹服务公司的独一无二之处是其不断学习和适应的能力。为了对其规模和复杂性有个概念，我们来看看它的概况：公司拥有近40万名员工，有一个覆盖地面、空中以及海洋的综合性全球网络。公司的包裹运送目的地覆盖220多个国家和地区，其中北美和欧洲的每一个地址都可以送到。联合包裹服务公司运营着世界上第九大航线，每天为880万客户处理1630万个包裹，这些运营跟世界上最大的DB2关系数据库以及包括10个大型机、18230个服务器、194483个笔记本电脑和工作站的IT基础设施相互协作。联合包裹服务公司的网站每天平均处理3950万个追踪请求。它通过800个设备在120多个国家中提供供应链和货运服务。它的客户联络点包括4741个联合包裹服务公司的零售店、13000个专营店和40000个投件箱。

联合包裹服务公司的持续高绩效业绩的根基——员工的高敬业度，持之以恒的不断完善，谦逊的、价值型的管家式领导者——与第五章强调的营造学习环境对提高员工敬业度极其重要的理念是一致的。本章注重公司两方面的能力：（1）不断学习、进步并适应的能力；（2）培养大量高度敬业的劳动力来促进公司不断进步和适应的能力。

四个基本标准

联合包裹服务公司基因的背后有四个基本标准：(1)极度关注评估，相互负责；(2)建设性地不满；(3)不断改善生产组织流程的传统；(4)受人事政策支持的以员工为中心的文化，促使员工高度敬业，对公司忠诚，生产率高。这四个杠杆促使公司严格贯彻运营政策和程序、军事化的组织结构和纪律，以及已故创始人吉姆·凯西留传下来的一套传统商业价值观。

吉姆·凯西是以100多美元和一辆自行车创办起公司的，他对改善运营、个人责任以及组织各阶层员工之间谦逊态度的要求永不满足，这样的要求至今仍贯穿于整个公司。凯西曾说："我们的计划无论构思得多么好，如果执行的人动机不够，缺乏真诚之心，那么它们都有可能失败。"除了坚定拥护这些有百年历史的古老商业价值观，联合包裹服务公司还拥有在面对永远变化的客户需求和全球现实中完成自我转型的非凡能力。

"建设性地不满"

为了了解学习和适应是如何完全植入公司基因的，对公司历史的理解相当重要。联合包裹服务公司第一个发展阶段是地理区域上的，公司从1913年的市内零售包裹递送服务（从超市到顾客）发展到1919年开创城际递送服务，将服务扩展至不同的城市之间。即使在生意很好的时期，公司也从来没有满足于现状。

例如，在地理扩张的同一时期，联合包裹服务公司开始创办集装快递业务（把很多顾客的包裹放在同一辆配送车辆上）。由于对这个新流程没有把握，凯西和其他管理者给美国的100多家快递公司写信，请教他们是如何获取利润的。几年后，为了从系统工程角度和人力资源角度发现更高效的经营方式，他们对竞争对手和其他行业的流程进行对比研究。他们参观并研究了密歇根的一个福特工厂、匹兹堡的钢铁厂和圣路易斯的阿莫尔合伙公司肉类加工厂。凯西曾说："我们发现没有哪一个单独的观念是真正具有革新意义的。随后我们发现似乎是学习的问题，而那正是我们已经在做的。"

到第一次世界大战战后时期，凯西和他的伙伴预料到零售快递业会大幅下滑，因为美国人的生活方式发生了重大变化，其中包括州际高速路网的出现以及郊区购物中心的发展。他们意识到，为了生存，公司要发展在全国范围内送快递的能力，转型成为一个"公共承运人"——企业对企业的快递服务。转型期间，公司在法律方面和物流方面遇到了很多极大的障碍——从国家和地方法规对跨边界递送服务的限制到美国邮政服务对快递业的垄断，不一而足。

历经将近30年的时间，凭借坚持不懈的本色，公司一点点地削弱了法律和物流方面的限制。它创造了一个城市之间、州际之间、区域之间的覆盖全国的网络，到1975年，它成为了建成"黄金路线"的第一家快递公司（能够向美国48个州的任何地方提供快递服务）。到1977年，它增加了覆盖至阿拉斯加和夏威夷的空运服务。

联合包裹服务公司的发展并不是一个线性增长的故事，从失败中学习也是其发展历程中的一部分。实际上，尽管纪律和对进步的不懈追求帮助公司确保了其陆地服务的高效率和可靠性，但如此高度的专注还是在20世纪70年代后期和80年代初期导致了一些损失产生，错失了一些机会，其中一个最重要的从失败中学习的例子是与空运服务相关的。

在公司发展的早期，联合包裹服务公司便已尝试小规模的空运服务，不过从来没有取得多大的成功。从20世纪50年代到70年代，联合包裹服务公司利用租赁航班走效率不高的客运路线将就着做空运业务。这使得很多竞争对手占得先机，给一家叫联邦快递的创新型新公司留了机会窗口，该公司抓住了机会，登上历史舞台，在20世纪70年代和80年代初期推出隔夜快递服务，变革了整个行业。

快捷的空运服务市场变得日渐明朗起来时，联合包裹服务公司开始纠正以地面为基地的短浅眼光，到1985年，通过外包承运人设立了覆盖全国的隔夜快递服务网。后来事实证明这个系统不灵活，公司于是在1988年成立了属于自己的航空公司，解决空运的复杂问题，培养新型劳动力，并且取得了美国航空管理局的证书，证书取得的速度之快超过历史上任何一家航空公司。目前，联合包裹服务公司拥有235架飞机、另外包租了293架飞机，构建起连接美国、欧洲、亚太地区、拉丁美洲加勒比海以及加拿大的空中网络枢纽。

这其中关键之处是联合包裹服务公司很好地面对了错误并从错误中学习。公司在必要时会坚定地修正发展路线。谈及空运服务方面，联合包裹服务公司一位前任首席运营官是这样说的："我们发现我们最好还是要振作起来。顾客特别需要国际海运、包裹追踪以及隔夜快递服务。"在联合包裹服务公司，犯错是被接受的，需要改革也受赞赏，因为公司的文化是坚持不懈地追求持续的、渐进式的进步。意见分歧、询问、质问、挑战和批判都受重视，受鼓励，因为它们可以帮助公司取得进步。

另一个迫使联合包裹服务公司在卓越运营中不断适应并愿意接受失败的事情是对国际市场的争取。由于公司专注于追求全国范围内地面服务的完善，到20世纪70年代，联合包裹服务公司在国际快递业上远远落后于竞争对手。当它最终在海外冒险发展，其结果却是在国际业务的发展上步履维艰，花了28年的时间才盈利。联合包裹服务公司几经艰辛才明白，白手起家来建立全球化业务并推行放之四海皆准的模式是不成功的策略，并且公司早期在加拿大和德国的扩张成为了公司的拖累。但是联合包裹服务公司没有屈从于停止损失的内部压力，反而坚持扩张计划，只是减少数额以在短期内缓解打击。毫无疑问的是，此时公司还是私有的。

公司愿意从失败中学习的做法最终得到了回报。随着进一步的发展，公司在国际市场中的策略从创业的策略转变成了以兼并为基础的策略，放松对于全球运营的限制并保守地利用美国侨民。2012年，在全职的管理人员中，只有少于0.5%的员工为外籍（45527个全职管理者中只有202个外籍人员）。

通过投以长远的眼光，专注于渐进式的进步，联合包裹服务公司在国际市场上找到了立脚点。1988年，公司进军亚太地区，1989

年进军拉丁美洲。到1995年，它又进军中国市场。2005年，联合包裹服务公司正式成立了运营美国与中国广州直达快递服务的第一个货运局，并且从它的合资企业合伙人那里获得了利润，为公司进一步进军覆盖中国80%国际贸易的23个城市市场提供了机会。2012年，联合包裹服务公司的国际收入占到了总收入的25%。

从失败中学习的同时，联合包裹服务公司还在进行另一个学习过程：它意识到必须极大地改善公司的IT基础设施。自从1921年吉姆·凯西雇佣了第一位工业工程师进行有关效率、时间和动作的研究[1]以来，联合包裹服务公司一直在对快递业务的每一个方面进行评估、建立模型和模拟，来优化员工的操作和对包裹的操作。这种持续进步的动力来自于严格的标准和全公司对"我们相信上帝，我们可以评估其他任何事物"这个准则的承诺。借助广受赞誉的工业工程师发明的人工配送流程，尽管联合包裹服务公司取得了非常大的成功，但它发现自己在信息科技方面一直落在竞争对手后面。到20世纪80年代中期，联合包裹服务公司决定快步赶上竞争对手。

1986年到1991年期间，联合包裹服务公司投资了15亿美元来完善技术，到1992年实现了追踪所有地面包裹信息的目标。到1995年，联合包裹服务公司向客户提供了在其官网上对运送途中的包裹进行追踪的服务。到2007年，公司投资了100亿美元整合自身的流程和技术，实现了实时、一年365天每天24小时全天候运营的

---

[1] 时间和动作的研究：现代工业企业的一项基础管理技术，对工人的操作顺序和动作进行分解和剖析，测定和记录完成各种操作所需的时间，经过筛选成为新的标准操作方法和作业时间。

局面。如今，联合包裹服务公司雇有4292名技术员工，运用它庞大的技术基础设施不仅提高了运营效率，还创造出了以客户为中心的工具、用户友好型工具、寄送工具、电子商务工具、物流管理工具以及可见性工具。

联合包裹服务公司如今的包裹递送操作和物流操作毫不夸张地讲已成为一门科学，从每个送货司机如何握钥匙到司机挑选下一个包裹须移动的最大距离（碰巧是30英寸），都有精确的标准。但是公司力求做得更好。在谈到这一改进一切的思想时，工程副总裁吉姆·霍尔森（Jim Holsen）这样说道："如果做事方法可以改进，我们从来不会对它们满意。"

举个例子，在20世纪90年代，公司研发出了掌上发货信息收集器（DIADs，公司内部称"司机服务提供者"或"DSPs"，后文简称DSPs），可以把每一个送货司机与公司的网络连接起来，实现即时数据交流，这个设备的发明具有变革性。如今，操作研究中心的数学专家继续设计算法让交货时间再缩短几毫秒。并且新的DSPs参与到了一个高科技的培训项目中。在项目中，司机可以运用公司的卡车模型来练习保证安全高效送货的"340种方法"，直至他们可以达到机器人一样的自动性和一致性水准。

最近，联合包裹服务公司的流程管理专家开始推出一个新的革新工具，通过测绘最短送货路线更进一步优化DSPs的效率。这个系统称为ORION（行车优化和导航集成系统，缩写本身也是希腊神话中猎户座的名字），里面大概包含80页的数学公式，用来处理一个司机一天内可能的送货路线的大量数据,但同时也为司机提供了很大的空间,他们可以根据由已有经验形成的附加知识在电脑建议方案上做改进。想一想,一个很简单的步骤,比如减少一个司机在一天内的行程距离,哪怕是一英里,都可以帮助公司节省数亿美元,这样一来,联合包裹服务公司的要求——像战士一样的精准度,不断推进流程和人力资本更快更有效率的标准——才变得可能。

公司在零售电子商务市场中推出了一个叫"UPS我的选择"的最新产品,借助ORION工具允许客户自由设定包裹的送货时间和送货地址。2012年,由于这个特色服务取得了成功,美国商业大刊《快公司》把联合包裹服务公司列入其50个最具创新力公司排行榜。

联合包裹服务公司在科技方面的努力也促进其在创新公司可持续性发展实践方面成为公认的领导者。联合包裹服务公司发明了车载通讯系统——通讯和信息学的一体化——的专利,对运输包裹的卡车及DSPs的行为和表现进行监控。这个技术运用传感器收集数据、测试想法、评估表现的效率和递送的油耗,把卡车变成了"滚动的实验室",对卡车的保修、减少闲置时间和优化路线进行定制服务。2011年,这个技术连同先进的线路规划工具等专利,减少了8500万的行车里程数,因而节省了840万加仑的燃料,减少了83000吨的二氧化碳排放。这些努力,再加上公司可替代燃油车队的扩大,使得公司在2012年标普500公司的碳信息披露项目领导力指数榜单中获得了最高分数。

公司不断学习的另一个例子,是20世纪90年代的事情。当时联合包裹服务公司意识到，为了继续发展，在货运业务之外，还需要为客户群提供新的、互补性的服务并改善客户体验。据一位资深管理者所说，联合包裹服务公司在货运和追踪方面的特长使得它通过促进物流、信息流和资本流而成为"全球商务的推动者"。

1995年，联合包裹服务公司组成了UPS物流集团，提供定制化的供应链管理解决方案和咨询服务。1998年，公司把新策略宣传为"整合同步商务"，之后，首席执行官迈克·埃斯丘（Mike Eskew）宣布："我们的新使命有很大的野心，我们要把900亿的市场开发成3.2万亿的市场。"

1999年，联合包裹服务公司做出了另一个转型的举动，挑战了公司长久以来的员工所有权惯例。公司首次公开发行10%的股票，部分用来为支持其新商务策略的并购行动提供资金。联合包裹服务公司募集到了将近50亿美元，在当时成为纽约证券交易所历史上规模最大的新股发行。之后，联合包裹服务公司收购了40家公司来实行其新商务模式，并将其能力扩展到运输以外的方面，其中包括卡车和空运服务供应、零售货运及商务服务、海关报关、金融以及国际贸易服务。

到2010年，公司又进行另一个转型，发起了"UPS新物流"的新品牌运动和口号——"我们热爱物流"的新广告运动。尽管联合包裹服务公司最初的优势一直是评估和完善运营流程以达到可以让每个顾客都得到相同可靠服务（强调的点在"相同"上）的程度，而如今，正如首席执行官斯科特·戴维斯（Scott Davis）在公司

2012年年度报告中所解释的："我们一直在创造解决方案高效地递送顾客随时随地需要的任何东西。"公司现今细分了业务，追求在以下6个行业类别中实现收入增幅，即政府、工业和汽车行业、专业服务和顾客服务、医疗保健、高科技、零售业，并且把财务成果分为三方面，即美国国内包裹、国际包裹、供应链和货运。联合包裹服务公司的企业愿景现在受以下策略指导：有效地利用科技辅助运营；提供特有的、具体行业的客户解决方案；扩展全球网络；为全世界终端用户服务。

多年来，联合包裹服务公司一直展示出的习性是不仅寻找做事的最好方式，还寻找做事的新方式。和美国陆军精准度和适应性并重相似的是，联合包裹服务公司鲜明的能力与它对文化传统、历经考验的商务模式的优先重视以及持续学习和进步方面（比如，凯西的建设性不满的标准），这些看似矛盾的做法紧密相关。所有的这些都是通过忠诚的、高生产率的员工来实现的。

"相互负责制"

吉姆·凯西在创办联合包裹服务公司的50多年间，一直秉承独特明确的文化，接受的是正直、质量、尊严、尊重、管理才能、合作关系、平等以及谦逊等价值观。了解联合包裹服务公司就必须要懂凯西，这个9岁时因为父亲生病便出来工作，在19岁时创办信使公司的男人。凯西是白手起家而成功，虽然出身贫寒，但他从未忘记他的根基——给每个人和员工他们值得的尊重和尊严。他创业时核心的精神就只有几条：高绩效，相互负责，建设性地不满，以及包括强调管理工作和成为商业股东机会的以员工为中心的政策。联合包裹服务公司从1927年开始实行员工股份持有制和奖励计划，在首次公开募股之后，员工以及他们的家人一度曾拥有公司90%的股权。如今，由于员工和退休人员出售股票，创始人为持有股票的多样化而创立基金会等原因，这一股票持有比例已经少于30%。

凯西经常在文章中和发表的言论中提到联合包裹服务公司应成为什么样的公司，公司应该培育怎样的价值观。他通过教导每个新员工这些价值观从而在公司身上打下了深深的烙印。联合包裹服务公司教导主管，他们的职责是确保这些价值观、经商方式和关怀员工的方式持续流传下去。公司文化的丰富性从每个员工收到的政策手册和凯西的讲话概要可见一斑。公司把凯西的讲话概要编成了一本书，取名《吉姆·凯西：我们的领导力财富》。这些讲话表明，凯西想要创办的公司成为杰出的企业公民[①]，员工为在那样的公司里工作而自豪。

和戈尔公司的创办人一样，在管理员工方面，凯西持有的理念不是X理论。凯西懂得，为了实现持续的高绩效，员工必须在情感上投入，就是说，组织要满足员工对于自主、胜任、关系、归属以及发展方面的需求。凯西把员工当作合作伙伴，提供让员工实际上

---

① 企业公民：是国际上盛行的用来表达企业责任的新术语。核心观点是，企业的成功与社会的健康发展密切相关。企业在获取经济利益的时候，要通过各种方式来回报社会。企业公民的要素构成，有社会责任和道德责任两大类。

成为公司主人的机会。他认为领导者和管理者要对员工负责，要像员工之间以及员工对管理者那样负责，他给管理者提建议时说："你成功与否的一个测量标准是你在多大程度上成就了你的同事。在成就同事的同时，你也成就了你自己。"他还说："好的管理并不仅仅是组织方面做得好，它是把事情做正确的愿望激发出来的一种态度。好的管理是真诚地关心同事的利益。它是让人们觉得你和他们都是公司的一分子——而并不是只有员工他们自己——的能力。"凯西采取措施来确保谦逊成为公司的规则，而不是让自我提升或者荣誉追求成为规则。关于未来的领导者，凯西曾说：

谁会成为领导者？他们是在今天，在此时此刻锐意进取的人，不是那些投机、吹嘘的人，而是谦虚而默默无闻的人。他们朴素而简单，无论当前的工作将来会怎样，他们都在自己的岗位上尽力做到最好。这样的人，将来要求他们做更重大的事情时，不会让我们感到失望。他们——我们的接班人——要铭记：我们在公司任何一个阶段所拥有的荣誉、传奇和成功都来自许许多多忠心耿耿的员工的勤恳工作。如果大家在这一点上不能达成共识，那么就不会有任何荣誉和传奇，更不会有伟大的成功。

几十年来对这些价值观的秉承，让联合包裹服务公司保持了很高的员工留用率，拥有了一大批曾对公司做事方式有贡献的元老级员工。公司已经实现了全体员工的延续性，并且很多基本的原则已经被深深地植入其中。通过公司长久的内部晋升政策和其他以员工为中心的政策，很多员工的职业生涯已经获得了不断提升，从包裹装运工提升到了区域经理或更高的职位。这方面令人信服的证据有：公司管理委员会中有九个员工平均在公司工作长达39年之久，其中六人是从兼职员工或司机做起的；大约有56%的全职司机都曾是兼职员工；将近73%的全职管理者——包括大多数的副总裁——都曾担任过非管理类的职务；并且，40%的全职管理者都是在公司工作了20多年的员工。

虽然最近几年来，联合包裹服务公司的全球职员留用率有所下降，但是它在2012年依然保持着90.2%的水平，尤其是考虑到其职位的不同种类——从一线的包裹处理员到资深管理人员，超过294000名员工是在不同的工会和集体谈判劳资条款下录用的，76000名员工是在国际范围内录用的——可以说这个数字是相对很高的。在2012年，联合包裹服务公司27.4%的管理团队成员和全公司将近45%的职工是来自多元化背景的。

联合包裹服务公司有将近100000名全职或兼职的司机，他们的职位在公司内部是受人尊敬的，但是在局外人看来，他们受"大布朗"总部①里工业学理论家的指使，简直就是四处奔波劳苦不堪，基于此，他们认为联合包裹服务公司僵化死板，没有人情味。然而公司转型的历史则说明的是一个大不相同的现实。上下打量这个公司——从它的包裹预装载员到管理团队，从印第安纳州首府印第安纳波利斯的业务到伊斯坦布尔的业务，我们清楚地看到，联合包裹

---

① "大布朗"总部："大布朗"（Big Brown）是联合包裹服务公司的绰号，因为brown的意思是棕色，而公司的专用大货车都是深棕色的。

服务公司的人事政策都是以员工为中心的,也是民主的。

联合包裹服务公司的高管们钟爱在公众面前提起他们的平等主义政策,比如在人力投入方面实行"开放政策"——招聘员工时比较开放,并且以员工为中心,没有等级制度(正如凯西所做的那样);在组织中用名字称呼他人;从不在办公桌前吃东西(出于对室外工作者的尊重,他们没有这样的享受)。这些文化惯例非常重要,但这些变化是更深刻的、长久的人事政策带来的。联合包裹服务公司的绩效评估和奖励体系是建立在关键绩效指标和反对利己主义与偏袒的公司长久政策基础之上的。奖励计划促进了员工——无论是全职还是兼职员工,管理者还是非管理者,工会人员还是非工会人员——对长期股票的持有,员工的"自由球员"[1]项目允许任何员工调动到公司内任何一个地方。公司为兼职员工提供包括医疗和牙医保险以及助学金在内的全职员工福利,工资方面在行业内处于领先地位,造福了组织上下所有的员工。

当库尔特·库恩(Kurt Kuehn)还是市场销售部的高级副总裁时,他(如今是首席财务官)在与我的谈话中把联合包裹服务公司的文化描述为"相互负责制",他说:"每个人都要对其他人的绩效负责任——做正确的事,并把事情做好。"他还补充说:"在我们评估体系的帮助下,我们试着在评估员工绩效时不考虑性格和政治因素。"

---

[1] "自由球员":本来指职业棒球联盟中有条件和任何球队签约的球员,哪支球队出钱最多,他们就与它签约。

位于佐治亚州亚特兰大市的公司总部是一个相对平等主义的组织，这一点有力地支持了上述观点。我参观公司总部时发现，联合包裹服务公司所有12位高管的办公室都在第四层，而不是在最顶层。所有高管的办公室大小一样，几乎共用几位行政助理。他们没有配备豪华轿车和司机，也没有高管专属餐厅。很少在四楼看到有人穿意大利西装、双袖口衬衫或定制衬衫。

主题小结

作为一个组织，联合包裹服务公司的成长和学习，也是它自身为不断培养和发展员工所做的重大投资的证明。从发展早期以来，联合包裹服务公司已然培育了一种师徒式的文化来促进领导力的发展，支持"内部晋升"的政策。20世纪60年代，联合包裹服务公司启动了正规化的、教练指导的培训项目。然而到2008年，公司越来越清楚地发现，培训和领导力的发展所用的静态方式，已经不能在日益增长的全球员工中发挥作用了——只有少于20%的员工真正在办公大楼里工作。公司于是开始制定了一个宏伟的计划：把所有培训整合成网上学习体系，在全球范围内推广。到2012年，"UPS大学"开始在一个电子化平台上提供广泛的内容，员工可以随时随地地学习。除此之外，公司也提供灵活的管理层培训和员工的个人发展计划。

"我们认为，我们招聘的员工在学习了业务和经营业务后，会比我们从大街上随便招来的代替他们的新员工更懂得业务。"公司领导力和人力发展部的副总裁安妮·施瓦茨（Anne Schwartz）曾告诉《首席信息官》杂志，"在员工身上做投资是我们企业的标志，我们通过为员工提供学习的机会来体现这一点。"管理高层也意识到，公司为新司机所提供的传统的、教练指导的、讲座形式的培训项目，在第X代与第Y代员工身上已不再起作用了，而第X代和第Y代员工越来越多地成为了新司机的主力军。公司的全球学习网络总监玛丽·凯·科普（Mary Kay Kopp）说："我们意识到，我们年轻的司机开始需要更多的时间来熟悉业务，而且他们中越来越多的人在培训初期就辞职了，我们需要做出一些调整。"

联合包裹服务公司从美国劳工部争取到了180万美元的拨款，与主要的科技类大学和一家动画公司进行合作，研发了一个名为"UPS Integrad"的交互式驾驶员培训项目。项目坐落于马里兰州的兰德奥佛地区，训练场馆占地1068.35平方米，场馆价值550万美元。这个项目包含基于计算机基础的培训、模拟、虚拟学习以及自学。公司已经在司机的熟练程度方面取得了较大的飞跃，司机在入职后第一年内发生的重伤和事故也减少了。

联合包裹服务公司建立的是一个独特的组织，不见得适合每一个人。它是一个运营卓越的企业巨兽，通过评估流程管理、技术支持实现。但是它没有失去自身的人性本质，因为人性本质深深植入于公司创始人的信仰和价值观中。公司创造了学习系统，配套一致的文化、领导行为、评估流程以及驱动不断进步和建设性不满的奖励机制。到目前为止，这些流程机制已经抵御了自满、傲慢以及持续高绩效的杀手——精英主义的滋生。但是，最近公司出现了两个发展变化：一是，兼职员工在全体员工中占了很大的比例（2012年为45%）；二是，2013年公司决定停止为全职员工的配偶中有资格在他们自己雇主那里领取医疗津贴的人提供医疗津贴。这不禁让人们发问：组织的基因是否开始变弱？

联合包裹服务公司也在商业模式方面遇到了许多新的、持续性的挑战，其中一个就是，主要零售商提出了新型电子商务策略，比如亚马逊分配仓库的网络不断发展壮大，沃尔玛和百思买集团更多地直接从商店发送在线订单，所以竞争越来越激烈。此外，公司一直把大部分当前模式押在中国的工业增长上，但是燃油成本和工资的不断增长以及知识产权保护问题，对公司在中国的制造业外包变得越来越不利。

面对这些事实，联合包裹服务公司改变了未来增长的方向，未来的增长将依赖于：（1）新兴市场，尤其是亚洲的新兴市场；（2）特定行业的配送和物流，特别是医疗保健行业；（3）全球范围内全渠道零售和B2C解决方案。

从公司内部来说，这个策略的成功，依赖于公司继续遵循对员工、学习环境和流程的承诺，因为这三点形成了目前为止公司适应能力的基础。考虑到公司文化、领导行为和以员工为中心的政策所表现出来的优势及一致性等因素——这些因素共同促进了对高效学习型组织至关重要的学习行为，公司很有可能继续传承长久以来的企业价值观和创始人的思想——正如凯西在70多年前所讲的："我们的企业能够不断发展,是因为我们的员工一直在成长,而我们员工的成长则是因为企业的发展。这一点在未来也是一样。"

付诸行动

1. 回想一下,你上班或者回家的不同路径。是否有些路径比其他的复杂?是否有时其中一条更方便?为什么方便?为什么不方便?

   _____
   _____
   _____

2. 你是否发现过一条你以前不知道的新路径?走不同路径的新鲜感如何?想一下你处理问题的方式,是否有好几种?你可能会尝试哪些新的方式?

   _____
   _____
   _____

3. 请列出影响你的五个原则。它们以怎样的方式影响你?它们是以积极的还是消极的方式影响你的生活?

   _____
   _____

后 记

现在做个总结，我想回顾一下其中的基本观点。在你努力学习时，请把它们铭记于心。

学习系统

学习基本上是这样一个过程：我们每个人通过这个过程创造出一个关于我们世界的有意义的故事，创造的过程中带着让故事更加精准的目的，从而让我们可以更有效地行动。这个过程通过三个心态得以促进：第一，我们必须接受自身无知的程度。第二，我们必须意识到，我们认为自己知道的一切都是有条件的，会在新证据的基础上发生改变。第三，也是最重要的一点，我们必须通过努力成为我们能成为的最好学习者来定义自我价值，而不是通过我们现在所相信的或思考的事情去定义。利用这三种心态可以帮助我们抵御自身的自我防卫系统，抵抗我们的防御、转移或者否认的自动反应，也可帮助我们抵消认知和情绪对确认和肯定的持续性搜索——这些搜索会妨碍我们直面残酷的事实或未确认的事实。自大，害怕失败、不受人喜欢、不被接受、看起来愚蠢等，这些都妨碍学习。

学习需要我们有三个良好的自我管理元技能：元认知、元交流和元情绪。我们需要认识到什么时候要把我们的思考和交流提升到一个更高的、更有意的和更刻意的水平。换句话说，也就是要将其从系统1提高到系统2。我们需要注意自己通过情绪、肢体语言和声音所传递的信息。我们也需采取前述的三种心态来管理我们对失败、惩罚以及不受人喜欢的恐惧，因为所有这些都会抑制批判性的探究、辩论、合作和学习。

所有的这些不仅适用于个人的学习，也适用于组织的学习。最成功的学习型组织就是那些能营造可以培养和促进学习行为及学习心态的学习环境的组织。

把一个现有的组织转型成为一个学习型组织需要从顶层开始变革。财捷集团的做法——"是时候埋葬凯撒了"——是正确的。领导者必须懂得并提升学习的重要性。他们必须真实、谦逊，要表现出人性。领导层态度和行为中的精英主义也需要埋葬。联合包裹服务公司、戈尔公司和桥水基金公司的相互负责模式应该占支配地位——领导者应该从每天的行为表现中赢得尊重，而不是认为他们凭借自身的职位权威理应得到尊重。对于每个领导者和管理者而言，至关重要的行为有：专念、反思式聆听、心态开放、公正、通过培养下页图中展示的学习型领导的能力做一个情绪上积极的学习促成者。

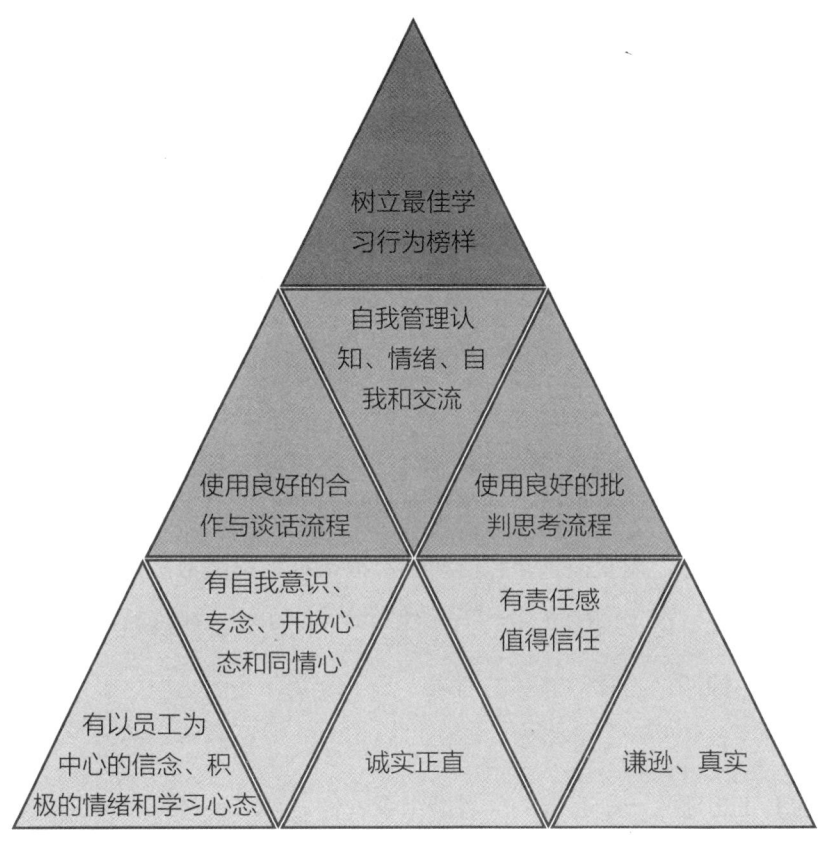

这些行为必须要通过360度反馈来评估，用领导者或管理者甚至更高顶层的标准来嘉奖。拥有具备这些特点的领导者是建立学习型组织的第一步。

下一步是设计一个"学习系统"和营造一个与组织文化、结构、领导行为、人事政策、评估流程和奖励机制无缝配合的工作环境，从而使这些期望出现的学习行为成为可能并得到促进。如果学习系统可以鼓励员工受到内在动机的鞭策，帮助他们满足对自主、胜任、关系、个人成长以及归属的需求，学习系统便可以发挥最好的效用。

这些需求的满足需要人们可以感受到自己真实地得到了尊重、关心和信任。这种信任和责任制必须是相互的——领导和组织必须赢得"学习者"的尊重，当然也要对"学习者"负责。以这些原则为基础的学习系统可以产生"有意义的关系和工作"，正如这些系统在桥水基金公司和戈尔公司起的效用一样。学习环境必须始终一致地通过文化、领导行为、评估和奖励制度向员工传递正确的信息。联合包裹服务公司在这方面做得格外好。

对于这些系统来说，至关重要的是要懂得学习需要员工和组织都做出改变。改变在认知和情绪上都很艰难。它通常需要他人给予帮助。学习是一项团队活动，并且小一点的团队，能满足个人对于自主、胜任、归属和效率的需求。为了改变，人们必须克服他们的恐惧，必须在队友面前承认错误、缺点以及无知时感到安全。如果你真正想建立一个有效的学习型组织，你怎样对待员工和员工感觉自己受到了怎样的对待这两点是要考虑的重要方面。一个以员工为中心、充满积极情绪的环境，辅以可以在学习行为上作表率的领导者，可以帮助消除一些因素对学习的抑制作用。只有可以从中学习（或者，就跟在戈尔公司一样，有一个可以监测的"吃水线"），允许自由发言和允许失败才是关键点。

积极性的力量表现得很清楚。充满积极情绪的工作环境可以使员工高敬业度和学习成为可能，而积极的个人情绪则可以使个人学习成为可能。美国陆军将积极心理学运用于100万士兵的培训项目再次表明,如果企业想追求员工的适应能力、学习以及恢复力的最大化,他们必须关注这些前沿指标。很显然,这些类型的积极工作环境并非必须要"温和"。高绩效、高度责任制和积极性并不相互排斥。

另一个关键点是,有关教育领域高投入性学习与商业领域员工高敬业度的决定因素,二者是一致的。因为两个领域的学习都涉及可以使人们更有效投入的环境和老师/管理者/领导的行为等。而且可以得出结论:员工的高敬业度——盖洛普Q_{12}^R员工敬业度评估工具中定义的——对成为一个伟大的学习型组织来说是必需的。

建立了正确的学习系统和环境之后,建立学习型组织的下一步,是把批判性思考流程和学习型谈话制度化。就像桥水基金公司基于"探究真相"的文化让员工认识到的,我们没有人像自己认为的那样聪明,也没有人像自己认为的那样善于思考或交流,从而促进了制度化的推进。这就是流程有用的原因。根源分析、揭秘信念并对信念与假设进行压力测试、学习性启动法、"事前验尸"法以及事后回顾都是核心的学习流程。

下面四个批判性思考问题可以做成一个漂亮的检查表贴在办公桌上:

- 我真正知道什么?
- 我不知道什么?
- 我需要知道什么?
- 我怎么学习我需要知道的东西?

同样地，下面的问题也应制度化，作为每天做决策时要思考的内容：

我相信什么？

支持这个信念的是什么事实？

驳斥或质疑这个信念的是什么事实？

我正在做怎样的假设？

这些假设有事实提供支持吗？

从假设中我得出怎样的推断？

它们合理吗？

这些问题会帮助发现无知和疑惑。无知和疑惑应该会把我们引向学习之路。

规模、效率和学习并不相互排斥

去年，许多人问我这些研究发现可不可以在大公司里进行推广。我的回答是：要看情况。一家私营企业的老板如果想创建一个长久发展的企业（像戈尔公司和桥水基金公司那样），要是公司能够很好地执行自己的模式，就有很大的机会。戈尔公司将其模式推广到了全球10000多名员工的范围，因为维持"戈尔的方式"一直是接班人领导团队的热切追求。内部的领导层接班非常关键。麦肯锡公司是另一家推广了模式但没有失去创始人本质的私人企业。在私企中这样做更容易吗？是的。其中的关键是要有成功的内部领导层接班。这就是桥水基金公司如今正在解决的挑战。

在上市公司方面，联合包裹服务公司已经将员工高敬业度、卓越的运营模式推广到了40多万名员工中间，因为吉姆·凯西的哲学一直存在于公司里。如果接班领导者在这种文化中成长，并且在这样的价值观中生活了很多年，那么推广则是可以实现的。其他实现这一目标的优秀的上市公司有美国零售巨头好市多公司、康宁公司、西斯科公司、美国西南航空公司。使创始人的文化保持生机是关键，但如果一个组织不能建立一个可以保持文化生机的内部领导层接班渠道，实现这一点就很难。这是如今许多优秀的学习型公司所面临的挑战，比如星巴克、亚马逊和谷歌。

我认为规模、效率和学习并不是相互排斥的。证明的例子有美国陆军、海军和海军陆战队，联合包裹服务公司以及丰田公司。这些组织是完美的吗？不是。在当今世界，没有哪个组织会是完美的，因为它是由人组成的，而人总会犯错。人们可以质疑美国陆军、海军和海军陆战队的例子，难道它们不就是"指挥与控制"吗？我认为如果你深入研究这些组织，当然会发现强烈的指挥文化，但是你也会发现小单元结构驱动下士兵的高度投入度与学习。你会发现强烈而有意义的价值观，包括职责、荣誉、勇气和服务等，它们可以满足士兵对于自主、关系、归属以及个人成长的需求。重要的是，你会发现这些组织都积极地投入基于学习的科学而开发的学习和进步项目。

那么，现有的不再拥有创始人的上市公司又该怎样建立学习型组织呢？这会更加困难。美国资本市场的本质，加上资本市场对短期股东价值创造的非科学性、单向的重视，都使得创办一个伟大的上市公司变得很艰难。我们的公共资本市场中短期盈利主义的盛行会抑制企业增长和创新。上市公司股票的平均持股期少于12个月。我们现在不再有股权；我们有的是证券借用政策。同样地，短期盈利主义还有这样的事实作证明：财富500强上市公司首席执行官的平均任期还不到5年——具体地说，是4.6年。在四年零六个月的时间里把一个上市公司转型成为一个伟大的学习型组织的可能性是非常小的，这还是在不出现郭士纳（Lou Gerstner）于1993年接手IBM时遭遇严重危机那样的情况的前提下。即使一个首席执行官不能将一个现有的上市公司在四年零六个月时间内转型成为一个伟大的学习型公司，然而他/她却可以开启建立学习型公司的征程，在其任期内是会有所收益的。同样地，现有的上市公司也可以把批判性思考、发现、实验流程以及事后回顾等方法付诸实施——当然，这些流程的有效性依赖于前面讨论过的关键的学习促进因素的采用和系统化。

如果你是领导者、管理者或团队一员，你想要改变你的组织，我能给你的最好建议是首先改变自己。之后，开始去影响在你的影响范围内你可以影响的人，或你从其身上寻求指导、领导的人。在情绪上单独了解每个人，了解他们的希望、梦想、恐惧以及顾虑的事情。然后帮助他们学到更多，变得更优秀。在你自己身上和团队中实行一套学习行为规范，尊重员工，允许他们自由发言而不用担心受罚。创造一种尊重的、相互支持的、负责的、积极的团队文化。

在如何更好地思考和交流方面做出榜样。承认你自己的无知和错误。展现真实的自我。谦逊地关心他人。鼓励他人，让他们感觉到自己可以掌控自身的命运。诚实一点，制定高标准，使每个人，包括自己在内，遵守这些标准。遵从戈尔公司的信条——成为人们想要的领导。管理你的思考、情绪以及交流方式。多留心观察，要专注。努力全身心地投入到每次的交流中，多注意产生积极的影响。

批判性地思考这一思想挑战了工业革命留下的主流管理模式和组织模式——X理论领导者为中心的指挥控制结构——的持续生存能力。如果我们想要建立适应性强的学习型组织，就要使管理模式人性化，而这需要很多公司从根本上改变对员工的态度和行为。这最终意味着我们也需要使资本市场人性化。或者说，我们需要形成一个新的资本市场来支持持续的、创造价值的、以员工为中心的学习型公司。我发现，许多致力于建立适应性学习型组织的企业都是私营企业，或者是那些还参与公司经营并且有重要持股地位和表决权的创始人所在的上市公司，这一点是很有趣的。

另外，管理部门和资本市场必须承认，学习流程并不高效。合作需要花费时间，创造并维持高度情绪投入需要付出艰辛的努力和时间。像桥水基金公司、财捷集团、IDEO设计公司和戈尔公司等这样的组织，时间投入和学习方面的艰辛付出可以创造持续的价值。

本书提出的一个观点是，员工高度责任制和员工高度情感投入这两个人们普遍拥护的管理选择是一个错误的二分法。持续的高绩效既需要员工高度责任制，还需要员工高度情感投入。同样地，卓越运营和创新之间的被迫性选择也是一个错误的二分法。卓越运营和创新都依赖于学习，两者都需要在高效学习型组织公式中特别加入容忍失败这一因素。

我想告诉人们，商业不是艰深难懂的"火箭科学"。商业原则是相当简单的，难点是执行，因为执行涉及到人。同理，建立高效学习型组织所运用的原则也是如此。学习的科学和学习流程在很多方面都是很简单的，难的部分在于平时严格执行这些原则。学得更好更快，是战略上势在必行的。不管是个人学习还是组织学习，学习都可以是积极转型的，并且我相信，使这一积极转型流程制度化并加以维持是一个持续的竞争力优势。

学习的旅程就是人的旅程。它既是对真理的不断探索，也是情感之旅。作为领导者、管理者或队友，你的一个作用就是"邀请，接纳并激励"他人加入、参与到学习的旅程中来。

祝学习旅程愉快，朋友们！

致 谢

没有哪个人出版一本书,不获得他人大量的帮助。在这里我要感谢许多人。

首先,感谢我的父母杰克和安尼塔·赫斯,是你们给了我自我效能的天赋,让我天生热爱学习,从而造就了我的一生。

感谢我的妻子凯瑟琳,她一直对我关爱有加,无私地鼓励我大胆尝试,即使我的尝试严重打乱了她的生活,也依然如此。

感谢我的导师查利·格里沙姆教练;查利·戴维森教授,莱尔·小伯恩教授,罗伯特·德拉辛教授;哈里·小迈克尔法官;杰克·麦戈文,彼得·诺顿,艾拉·温德;大卫·邦德曼,汤姆·艾洛,迪克·韦特,以及M.奥尼尔博士——是你们开阔了我的视野。

感谢埃默里大学戈伊祖塔商学院的汤姆·罗伯逊院长和阿尔·哈特格雷夫斯教授、罗伯特·德拉辛教授、L. G. 托马斯教授和罗伯特·卡赞晋教授,感谢你们给我机会进入学术界,感谢你们对我的研究和写作的支持。

感谢吉米·布兰查德、加德纳·加勒德三世、比尔·特纳、汤姆·卡曾斯和比利·雷恩，感谢你们对戈伊祖塔商学院价值导向领导研究所的大力支持。

感谢密歇根大学罗斯商学院的金·卡梅隆教授，你的学术学识和友谊对我产生了不可估量的积极影响。

感谢鲍勃·布鲁纳院长、吉姆·弗里兰、珍妮·利特卡和肖恩·卡尔，感谢给我机会成为弗吉尼亚大学达顿商学院的一分子，感谢巴滕研究中心七年多来一直资助我做研究，感谢达顿商学院的教职员工让我像在家里一样感觉自在。

感谢我的研究助理凯瑟琳·路德维格，你的专业水准、高标准、知识的诚笃、研究技能和成长心态对本书贡献极大，让这本书成为了非常好的学习体验。

感谢哥伦比亚大学商学院传媒与经济出版社的出版人迈尔斯·C.汤普森，感谢你对这本书的信任和对我的信任。

感谢哥伦比亚大学出版社的编辑布里奇特·弗兰纳里-麦科伊，你精湛的专业技巧和启发性的编辑让这本书更适合读者阅读。

感谢所有组织的首席执行官，感谢你们给我机会研究你们的组织并从中学习。

感谢财捷集团的卡伦·汉森、戈尔公司的理查德·白金汉以及加里·克莱因博士，感谢你们的慷慨和时间，使我有可能把你们精彩的故事呈献给我的读者。

感谢桥水基金公司的雷·达里奥，一个学习型组织的愿景家和说到做到的学习型领导者，感谢你给我机会学习了解桥水基金公司，并以如此彻底透明化的方式把公司的故事讲给我的读者。

感谢凯瑟琳·L.阿卡夫博士、丽塔·亚劳什和莱尔·小伯恩，感谢你们对本书各章有益的批评。

感谢三个特别的朋友——乔·斯特里特、莱尔·小伯恩和特里·布朗，谢谢你们数十年来对我学习尝试或情愿或不太情愿的长久支持。爱你们！

感谢我两个活泼的孙女，萨拉和卡罗琳，是你们提醒我学习是可以很愉快的，是你们让我记得"为什么"这个词的强大力量。保持住你们的好奇心，亲爱的！